从抗战烽火中走来

纪念《世界知识》暨世界知识出版社创立八十周年

世界知识出版社80周年社庆编委会／编

世界知识出版社

编 委 会

《世界知识》创刊词

中国是“世界的中国”了。

……

我们的后面是坟墓，我们的前面是整个的世界。怎样走上这世界的光明大道去，这需要勇气，需要毅力，——但尤其需要知识。

……

祝福这小东西罢！它将帮助你认识世界！在走向“世界的中国”的途程上，它将尽一点小小的力量。

祝福这小东西罢！

祝福这小东西的朋友们罢！

——胡愈之

序

2014年是《世界知识》杂志暨世界知识出版社创立80周年，同仁们特意编纂了一本《从抗战烽火中走来——纪念〈世界知识〉暨世界知识出版社创立80周年》，成书前嘱我作序。盛情难却，本想简单写几句，但仔细翻阅全部稿件后，不由得生发出若干感想，遂记录于此，以为序言。

80年前，中华民族处于救亡图存之紧要关头。一些进步知识分子经多方酝酿，发起创办了《世界知识》。胡愈之、金仲华、邹韬奋等人在思想上自觉接受中国共产党的领导，使得这本“小东西”深受读者的欢迎。

《世界知识》杂志发刊后，除介绍重要国际知识外，着重分析国内国际局势，揭露法西斯的侵略图谋，报道各国人民的反法西斯运动和中国的抗日救亡运动。

这本进步刊物从诞生的第一天起，就受到国内外反对派的仇视与迫害。抗日战争中，日寇铁蹄践踏中华大地，世知同仁背井离乡，颠沛流离，但只要有一丝可能，他们就绝不放下手中的笔。或许他们在体格上不是合格的士兵，但他们写成的文章却具有和大炮一样的杀伤力。解放战争中，《世界知识》更是为建立一个进步、民主、繁荣的新中国鼓与呼，在国民党的黑暗统治下俨然是一盏指路的明灯。

全国解放后，世知社几经变迁，逐渐发展成为具有广泛社会影响力的国际问题书刊出版社，为我国的外交事业和新闻出版事业作出了杰出贡献。近些年，在市场化的浪潮中，世知社同仁和衷共济，迎难而上，开拓进取，不断创新，取得了良好的社会效益和经济效益。

80年经历的风和雨，80年遭遇的人和事，在这本《从抗战烽火中走来》一书中都有真实生动的反映。今天，我们纪念《世界知识》暨世界知识出版社创立80周年，应该从老前辈那里学习什么呢？认真看看这本书，每一个人都会受益匪浅。

是为序。

感谢这本书的编纂者！

感谢所有为传播世界知识辛勤耕耘的人们！

世界知识出版社社长

2014年8月于北京

目　录

一、从抗战烽火中走来——社史80年 .... 陈　捷　胡孝文　1

1934—1956年创办者及工作人员合影 34

1957—1966年世界知识出版社负责人及编审 43

1979年复社以来世界知识出版社历任主要社领导 44

二、领导人关怀下成长 47

毛泽东与《世界知识》的故事 .... 葛　军　49

党和国家领导人的题词、批示 54

三、高山景行：胡愈之的1937—1949 .... 胡孝文　63

四、金仲华与三个地图绘制专家 .... 胡孝文　81

五、一本杂志的抗战 .... 胡孝文　91

金仲华：带着《世知》流浪 93

胡愈之：传奇的南洋岁月......111
邹韬奋：《世界知识》的亲密战友......122
张明养：香港小岛建基地......128
张仲实：逃离盛世才魔爪去延安......131
钱亦石："红色教授"也是老"世知人"......134
郑森禹：文章被延安的毛泽东引用......137
冯宾符：经受日本宪兵队严刑拷打......140
世知人抗战后的轨迹（补记）......142

六、难忘的"世知"情缘......147
感谢《世界知识》对我的帮助......何　方　149
我与《世界知识》的不解之缘......朱　烈　157
《世知》琐事......萧　扬　161
回忆在《世界知识》杂志工作的日子......宋明江　167
《世界知识》与我的缘分......冯昭奎　171
《世界知识》八秩大庆的感念......黄书海　176

一、从抗战烽火中走来

——社史80年

陈　捷　胡孝文

世界知識

創刊辭

中國是「世界的中國」了。

假如西藏高原和印度洋中國海的深淵，一切洋鬼子都給濟出去，讓我們關上大門，維

但是不能。

假如二千餘年前建造的萬里長城，還能敢進窺中原，那麼就算已丟失了東北四省，我

可是要將就也不讓你將就下去。

假如從我們老祖宗一直用到如今的那耕機和連合機；假如原始的手工業，抵得過機器，斑斕喇嘛的經咒，孔老夫子的微言大義，能農村沒落的運命，那麼我們也就不妨坐守五個安分的太平百姓罷。

可是事實顯示着，這尤其是一個永不會

總之，不管我們願意也罷，不願意也罷，中中國到底是「世界的中國」了。

中國是「世界的中國」了。世界却又是近代的一大怪物——資本帝國主義——

1934年9月16日，在上海福州路复兴里的生活书店里，《世界知识》杂志“呱呱坠地”（胡愈之语）了。

80年前的中国，是个风雨如晦、夜气如磐的日子。

1931年的“九一八”事变后，在蒋介石的“攘外必先安内”的不抵抗政策之下，整个东北三省沦为日本的殖民地。日本军国主义的铁蹄继而踏向华北、华东，长城危急，平津危急，上海危急……与之相反的是，国民政府对中国共产党领导的红色政权实行疯狂的军事镇压和文化围剿。在党内“左”倾教条主义的错误领导和共产国际军事上的错误指挥下，中央苏区面积日渐缩小，红军被迫战略转移，一场关乎共产党前途和中国命运的两万五千里长征即将开始。难怪，胡愈之在《我的回忆》一书中说：“1934年是黑暗的一年，党领导的革命力量受到严重的摧残。”

中国向何处去？人民要求抗日救亡、停止内战的呼声一浪高过一浪。

再放眼国际。欧洲的德、意法西斯正在加紧扩军备战，准备发动更大规模的侵略战争，而英法正在实行“祸水东引”的绥靖政策……

一东一西，山雨欲来，战云密布。世界向何处去！人们都在焦急地寻找答案。

正是在这种情况下，《世界知识》诞生了。

《世界知识》是中共地下党员胡愈之在秘密成立的“苏联之友社”的一次聚会上倡议成立的，当时得到金仲华、张仲实等十几位社员的一致认可，并受到时在国外考察的生活书店老板邹韬奋的支持。可以说，它是中共联合党外进步人士酝酿成立的，也是中国出版史上第一个用马克思主义分析形势和普及国际知识的刊物。胡愈之晚年曾写过一个材料说，是党叫他创办这份杂志的。

中国是“世界的中国”了。

……

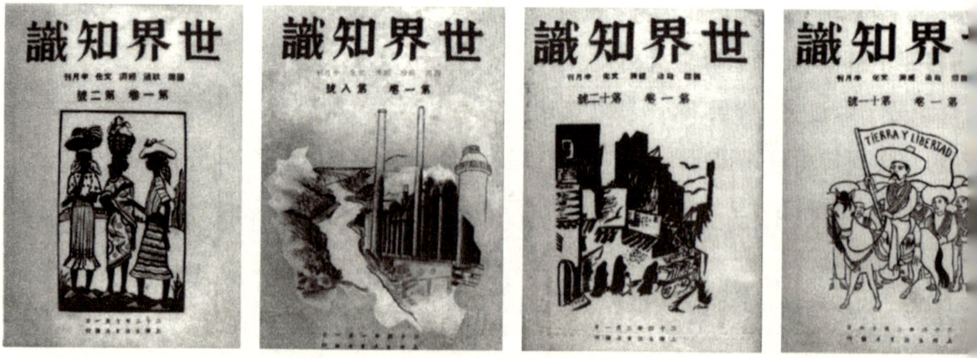

《世界知识》早期封面

我们的后面是坟墓，我们的前面是整个的世界。怎样走上这世界的光明大道去，这需要勇气，需要毅力，——但尤其需要知识。

……

祝福这小东西罢！它将帮助你认识世界！在走向“世界的中国”的途程上，它将尽一点小小的力量。

祝福这小东西罢！

祝福这小东西的朋友们罢！

这是胡愈之亲自为杂志所写的发刊词。恐怕胡愈之当时也不曾想到，就是“这小东西”虽历经磨难，但生命力旺盛，一直绵延至今，成为中国出版史上出版时间最长的杂志。在今天中国国家图书馆的中国刊史陈列室里，《世界知识》的创刊号作为老杂志陈列在第一位。

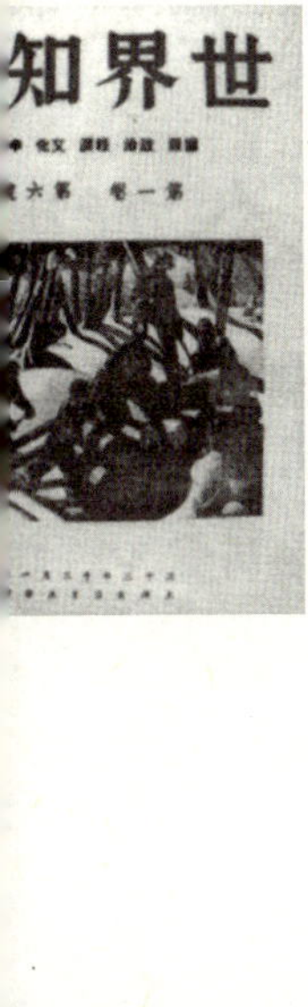

《世界知识》虽由胡愈之牵头创办，但当初名义上的主编是毕云程，这主要是考虑到他在工商界上层有较多的关系，政治色彩较淡，刊物登记时容易被批准，就像杂志取名“世界知识”四个比较中性的字不会引起国民党当局的怀疑一样。当时的出版环境，可谓明诛暗杀、风声鹤唳，林贤治在《鲁迅的最后十年》中介绍了当时的书报检查制度：

>……1934年2月，（国民党）中央宣传部突然发文，一举查禁上海出版的149种文艺图书，震动了上海书界。……一个全称“中国国民党中央宣传委员会图书杂志审查委员会”的机构，于1934年4月正式成立。6月，审查委员会……颁布《图书杂志审查办法》，规定一切图书杂志须于付印前将稿本送审，甚至翻印古书也不例外……这样，在出版界，只好大量推出数学教科书和童话，或者极力赞美“春天”，商业性、消费性的倾向愈来愈严重，而严肃的、进步的，带有革命倾向的书刊，却不得不用假书名、假封面而艰难面世。

当时编辑部如何管理，约稿、编辑、出版、印制、发行等每个流程怎么运作，市场如何，作为“主编”的毕云程在《韬奋与生活书店》中有一段比较有意思的回忆：

《世界知识》的编辑，由愈之安排得很好，编辑部只有愈之和我两个人，只工作半天。愈之主持撰述，我做一些编辑事务的具体工作。另外特约十多个对于国际问题有研究的朋友担任特约撰稿，每半月聚餐一次，就在聚餐时共同讨论国际形势，拟订论文题目，由各特约撰稿人分别担任撰写，由我担任集稿，随时以电话联系，从不脱期。每月一日和十六日发行，在发行前三天作为集稿的最后一天，必须抓的很紧。这一天晚上，我必须到印刷所去校对，力求版面整齐。每篇论文以四页为标准，也偶有六页或三页。有时排字结束发现少一些字或多一些字，就在印刷所内当场修改，增加一些字或删去一些字，在必要时增加一块插图或减少一块插图，总以达到整齐平衡为止。这一天晚上的校对工作总要做到半夜一点甚或两点钟，看过最后一次清样签字付印，才能回家。印刷所连夜制版赶印，早上装订成册，上午九十点钟即可送到生活书店，交付发行。我记得创刊号初版是四千册，于九月十四日上午送到，立时批发一空，赶快再版四千册。十六日早上门售的都已经是再版的《世界知识》，有人以为奇怪，但实际经过确是如此。每期发行数量，发展甚快，不久就上升到三万册。正文篇幅也由原来的四十八页增加到五十六页，不加售价。那时候麻烦的事情就每篇文章都要送审。我常跑到审查会去办交涉，一谈就是几个钟头，争得很激烈。

毕云程提到的“十多个朋友”，据《世界知识》第二任主编张仲实回顾，他们是“愈之同志团结的”国际问题、时事评论专家邹韬奋、金仲华、张明养、钱亦石、钱俊瑞、沈志远、邵宗汉、刘思慕、胡仲持、章乃器等老一辈革命文化人士。这些志同道合的朋友，都是以后杂志固定的撰稿人。夏衍、章汉夫有时候也写一些评论，冯宾符开始写些小品文、小知识填空，而后逐步成为杂志的骨干。据世界知识出版社的前社长郑森禹回忆，当时创刊号上刊登的二十余位特约撰稿人名单中当然较多的是进步人士，但也有中间或者较右的。这样，一方面可以作为掩护，同时，也在文化界发展了统一战线。

徐伯昕是时任生活书店的经理兼发行人。他在《〈世界知识〉与生活书店 》的文章中这样写道：

当时生活书店成立不久，……《世界知识》作为一种新生的分量很重的期刊，深得书店老板邹韬奋的重视，不仅由生活书店出版发行，它的编辑工作也在书店内部进行。而且，《世界知识》的“编著人”和生活书店之间建立的也不仅仅是一般的刊物著作人和书店的合作关系，例如金仲华、张仲实既担任《世界知识》的实际主编，也担任过书店图书部的总编辑，后来参加书店的领导管理机构，担任理事会的理事。

在创刊号中，胡愈之就做了“沈阳失陷三周年”的专题，邀请章乃器等社会名流撰文，澄清日本对中国的侵略野心与远东的国际关系；胡愈之还亲自操刀，揭露来中国调查日本侵略的国际联盟“只是帝国主义的外交工具”的实质；金仲华则写了《远东风云中的北太平洋》，他敏锐地指出：“美国苏联虽然政治立场各异……，然而现在他们确实同样地被日本帝国主义的炸弹所震动，而且不得不同样地在风浪掀天的北太平洋中建筑其防线了。”可见，他呼吁的是国际反法西斯阵线的建立。为了让大众清楚地知道当前的形势，特别是侵华日军的动向，《世界知识》还专门开辟了一个及时了解半月新闻的“了望台”栏目。这些不畏当局的抗日宣传与国统区的反蒋、抗日救亡形成一道洪流，与中共即将进行的北上长征遥相呼应！

为了更多体现刊名“世界”二字，胡愈之在杂志的设计上可谓煞费苦心。据老读者兼撰稿人张企程在《五十年的交往》中回忆，从创刊号开始，《世界知识》除了在封面印刷有中文刊名以外，还在封底印有八种文字的刊名，而列在刊名之首的则是世界语。胡愈之是一个热心的世界语者，在一份帮助读者认识世界的刊物上，加上能够沟通世界人民感情的世界语的刊名，无疑是具有深意的。

因胡愈之是秘密党员，受周恩来直接领导，接受的任务很多，因此张仲实、钱亦石、钱俊瑞、金仲华后来相继接任主编，但胡

《世界知识》创刊号

愈之的视线从来没有离开过《世界知识》。按钱俊瑞的说法，胡愈之一直是这本刊物的“主帅”。尽管胡愈之的“接班人”金仲华担任主编时间最长且是无党派人士，但杂志无一例外都是在党的指导下开展工作的，是党对群众进行国际形势教育和宣传党的政策的一个重要阵地，与今天它成为党的文化事业、新闻事业和外交事业的重要组成部分，其宗旨和任务是一脉相承的。宗旨和任务是什么？用金仲华当时的话说，就是“引导读者走正确的人生道路”。1984年在纪念《世界知识》创刊50周年时，曾担任副总编辑的陈原在《感激与怀念》的文章中写道：

当我们这一代年轻人在沉重压抑下寻找一条途径，去认识我们的祖国和民族的命运时，正是《世界知识》这个杂志，在我们面前展示了一个动乱的现实世界——新的同旧的在搏斗，正义同野蛮在搏斗，被压迫者同侵略者在搏斗的世界图景。也许，对我们年轻人来说，从这个杂志得到的不仅是知识，而是一条路，生活和斗争的路。50年过去了，我还依稀记得我和我们伙伴们那种激动的心情——因为我们这一代靠着它（当然不只它）指引的路走过来，向着年轻人所盼望的目标，一步一步地走过来了。

《世界知识》2002年第22期在“我与《世界知识》的故事”

栏目中曾刊登过一则辽宁大学凌治彬教授的文章。他这样回忆道：

> 记得1934年10月的一天（当时我正在上海吴家巷江苏省立上海中学读初中三年级），我走进校门口的一家书店，看到门口摆着一本《世界知识》的创刊号。我买来阅读，立刻就被杂志中的文章所吸引。这是我一生中第一次阅读有关国际政治经济和国际关系的文章，大开了我的眼界，对我产生了很大的影响。当时我每期必买，阅后还把我学到的知识向同学们讲解。

可以说，《世界知识》自诞生那天起，就依靠它及时的报道、新锐的评论影响和培育了一批人，他们因而走上革命道路，或者走上国际问题研究之路。

世界知识出版社由《世界知识》杂志发展而来，《世界知识》杂志创刊后的第二年即以“世界知识社”的名义出书。世界知识社就是世界知识出版社的前身。

从创刊到抗日战争全面爆发，这一时期，上海战事吃紧，社会人心慌乱，但是《世界知识》并没有中断。除按期出版杂志外，世界知识社还通过生活书店出版了一些丛书、年鉴和地图。邹韬奋在《世界知识》杂志上连载的《萍踪忆语》出版了单行本。还有张明养的《世界知识读本》、金仲华的《国际新闻读法》、平心的《国际问题研究法》、钱亦石的《紧急时期的世界与中国》等书，都是

世界知识社早期出版的图书

研究国际问题的基础读物，很受读者欢迎。1936年首次编辑出版了反映国际政治、经济、文化等方面概况的《世界知识年鉴》。此外，还翻译出版了路易·斐雪的《动荡中的欧洲》、路威的《战争与间谍》、赛尔特斯《战争、军火与利润》等许多国外读物。

抗日战争爆发后不久，日军加紧了对上海的攻击，《世界知识》同仁积极投身抗战前线。据曾经做钱亦石助手的林默涵在《我与〈世界知识〉》一文中说，“八一三”事变后，钱亦石同志经过郭老（即郭沫若）介绍，带了上海文化界的一批进步人士到第八集团军，成立一个战地服务队，……亦石是队长……亦石同志已近老年，身体又有些发胖……过不多久，他得了伤寒病……不幸竟从此不起了。地图绘制专家沈振黄也参加了战地服务队，但在撤退途中不幸牺牲（本书《金仲华与三个地图绘制专家》一文将有较为详细的描述）。

上海沦陷后，许多报刊相继停刊，由生活书店出版的几种刊物也无法继续出版。迫于形势，《世界知识》在主编金仲华的带领下随生活书店一起，经过香港、广州、桂林一路颠簸，迁往战时的政治、经济、文化中心——武汉。而留在上海的胡愈之，为了向大众宣传国际形势和中国抗战，仍利用那些尚未离开上海的《世界知识》杂志的编者，如自己的弟弟胡仲持和冯宾符（冯一直坚持在上海，直到迎接在上海的复刊）、邵宗汉等，还有一些作译者们，将《世界知识》、《国民周刊》、《妇女生活》、《中华公论》等几本杂志合在一起，出版战时联合旬刊，但只出版了四期。后经胡愈之设计，于1937年12月起，将国际时事文章集结出版了一本名为《集纳》的周刊，以代替《世界知识》杂志，但这本刊物只出了九期就被租界当局查禁。此外，胡愈之还创办有一本专门摘译外文的报纸《译报》，不仅向读者报道了"南京大屠杀"等重大消息，而且发表了埃德加·斯诺《西行漫记》内有关红军的文章，只可惜只坚持了一个月便被迫停刊了。但作为一张全部刊登外电消息、文章的报纸，却开了世界新闻史上同类报纸的先河。新中国成立后，毛泽东主张创办《参考消息》，就是《译报》的传承和延伸。

1938年元旦起，《世界知识》杂志在汉口出版了12期。不久，武汉告急，金仲华带领杂志于1938年7月转移至广州出版，但仅仅出版三期之后，华南日军窜到了广东，金仲华只好于1938年10月出走香港。因为当时无法获得港英当局颁发的出版资质，因此在香港出版的《世界知识》版权页上仍旧印有在武汉或广州出版的字样。在香港期间，金仲华经宋庆龄介绍、廖承志推荐，到了华侨巨富胡文虎父子的《星岛日报》任总编辑。在胡氏父子的帮助下，《世界知识》得以合法出版。金仲华因整顿《星岛日报》，其后的工作交由刘思慕、乔冠华、郑森禹、张铁生等人主持。

据郑森禹回顾，当时《世界知识》编辑部就附设在国际新闻社里。国际新闻社也是由胡愈之、金仲华以及与《世界知识》有关的人员办起来的，主要是党向海外华侨和国际进步组织发送关于中国抗战和法西斯斗争的新闻。《世界知识》利用他们的房子、资料等，得到很多方便。两者互相配合，经常组织座谈会，讨论国内外形势，分工写稿，成为进步人士分享信息、交流聚会的场所。

1940年，为了加强对国际政治经济的研究，做好对国内外形势的宣传和评论，发展统一战线，胡愈之、金仲华等人在中共驻港负责人廖承志和潘汉年的支持下，以《世界知识》为中心，组织了一个国际政治经济研究会。研究会主要成员还有陈翰笙、邵宗汉、乔冠华、郑森禹、冯裕芳、爱泼斯坦。他们的活动一直到1941年12月8日太平洋战争爆发才停止。

太平洋战争爆发后，英国对日宣战，日军随即占领了香港。迁至香港的《世界知识》杂志所有资料、图版全部散佚，不得不

1946年7月，冯宾符（左）、郑森禹（中）、乔冠华（右）在上海中共代表团办事处合影。

终止出版。当时曾酝酿将《世界知识》杂志迁往桂林等内地地区出版，但由于国民党当局的阻挠未能实现，以致《世界知识》杂志停刊四年多，这是《世界知识》历史上的第一次被迫停刊。

抗日战争时期，《世界知识》杂志的重点是分析抗战局势，揭露日寇的残暴，指出国内国际形势对我有利，驳斥投降主义的谬论，阐明抗战必胜，激励全国人民团结战斗。这个时期，《世界知识》杂志还编辑出版了各种图书，如《战争途中的日本》、《日本人民反战运动》、《军部财阀统治下的日本》、《日本经济能否持久作战》、《战时日本全貌》、《苏联红军是怎样成长的》，等等。

世界知识社出版的多种图书，阐明抗战必胜、激励全国人民团结战斗。

1945年8月，抗日战争最终以中国人民的伟大胜利而告终。同年12月，《世界知识》在流亡7年后最终回到它的诞生地——上海——复刊了！金仲华在《复刊词》中阐明了它的宗旨：

> 从这一刊物的诞生开始，它是适应着国内广大读者的需要的。我们用最通俗的文字，把最复杂的国际情况解剖给大家知道；我们在文字中间配合许多地图漫画，引起一般人对于时事研究的兴趣。……现在，抗战胜利，第二次大战结束，本刊得以在了沪恢复出版……战后，世界是一个全新的世界。我们对于世界各方面的情况，需要知道的也更多了。本刊愿与读者共同努力，促进对于国际问题的研究。

《世界知识》杂志过去一直由生活书店经手出版发行。此时，内战的气氛让人窒息。为了便于在国民党反动派统治下“分散作战”，按照党的指示和安排，金仲华和他的合作者冯宾符、王德鹏（时为鼎康钱庄襄理）将《世界知识》杂志与生活书店分开，并另行筹备建立了世界知识社（后改称“世界知识出版社”），专门出版国际问题书刊。由于经费缺乏，社址就设在多年失修的原上海纱布大楼一间不到20平方米的房间里，一切因陋就简。根据严修桢在《著名革命出版家王德鹏》文章中说：

金仲华抗战胜利后由重庆返回上海，通过冯宾符的介绍，认识了原“大用出版社”社长王德鹏，从此三人就成了“世界知识社”的核心。金仲华任“世界知识社”社长，负责为《世界知识》提供最新稿件，冯宾符任主编，负责日常编辑工作。王德鹏任经理，负责财务，为《世界知识》的出版筹措资金。

最初，王德鹏通过胡宣同（时为中国银行襄理）等私人集资和变卖自己的“大用出版社”剩余物资以及金仲华个人积蓄1000元，勉强应付。后又向人借了十几两黄金，趁金价上涨纸价未动时，卖掉黄金买进纸张。没几天，纸价上涨，卖出一部分还债，余下的就成为复刊

左起：王德鹏、冯宾符、金仲华

《世界知识》的第一批用纸。

据王德鹏的儿子王振羽在《从创办大用出版社到〈世界知识〉复刊》中说，十几两黄金是他父亲从他自己的同学、至交赵朴初那里借来的。而且，父亲作为经理，不但不收取任何薪金和报酬，有时候还把自己节省的钱补贴到社里。当时工作人员除了供给伙食（吃所谓“包饭作”的饭菜）外，不计工资。直到后来经济条件好转，每人每月才发几元零用钱。为此，他于心不安，多次向工作人员道歉。

《世界知识》复刊后的第1期（第12卷第11期）于1945年12月1日面世，对社会影响很大。世界知识出版社1994年出版的“世界知识六十年”纪念册上登有这一期《世界知识》的封面和金仲华、冯宾符、王德鹏合影的大幅照片。当时《世界知识》每期版权页上都印有“发行人王德鹏”的字样。

对于当时编辑部里的几个人，陈原有一段近乎传神的描述——

我常常怀念逝去的人们——其中有我熟知的金公（仲华）、仲足（冯宾符）、景老（吴景崧）和王“老板”（德鹏）。我怀念他们：金公以无可辩驳的逻辑时常给我分析形势，宾符以他热情而率直的语调使你不能推辞他分配给你的任务，景崧在我的斗室里慷慨激昂地抨击黑暗势力，而“老板”不写文章，他那时只是千方百计地为这个杂志渡过一个又一个经济难关，“晓得了，”他没有二话就执行了党的任务。

当时，出版社由中共地下党文委直接领导，相继由梅益、陈虞孙、姚溱负责联系。1947年底，乔石（原名蒋经逸，原中共中央政治局常委、全国人大常委会委员长）、董正东（原名贺霖，解放后在中央军事科学院工作）来世界知识社工作（一说为隐蔽）。解放前夕，冯宾符也成为地下党文委的成员之一，《世界知识》杂志同党的关系也更加密切了。

复刊后的《世界知识》继续秉承团结杰出国际问题专家的传统，经常请大家“聚餐会”，商谈稿件内容。这一时期，经常供稿的有郑森禹、梁纯夫、姜椿芳、石啸冲、娄立斋、宦乡、陈原、刘思慕、陈翰伯、吴景崧、廖湖金、李纯青、林焕平、孟宪章、戴文葆、潘光祖、陈虞孙、茅盾、胡绳、张铁生、曹日昌、吴大琨、侯外庐、平心、戈宝权、李正文、何家槐、艾寒松、马叙伦、吴清友、寿进文等；经常提供翻译稿件的有曹未风、满涛、柳无垢、董秋斯、于友、黄兆均等；国外撰写通讯稿件的在东南亚有胡愈之，在美国有刘尊棋、薛葆鼎，在英国有胡其安、陶大庸等。

1946年10月，《世界知识》由半月刊改为周刊，当时采用印刷条件最好、印刷质量最高的印刷厂——上海延安中路科学印刷厂排印。这段时间，世界知识社新老人员精诚合作，将世界知识社办成了一个有很大社会影响力和权威性的国际问题书刊出版社，先后著译出版了各种图书二十余种，如《欧洲纵横谈》、《世界新形势》、《世界现势十讲》、《论世界危机》、《论美苏关系》、《东南亚各国内幕》、《日本问题读本》、《新民主国家论》、《美国政治剖析》、《世界现势图解》、《第二次世界大战后世界政治参考地图》、《苏联看世界》、《战后苏联印象记》、《战后世界经济与政治》、《豪门美国》、《美国与战后世界》、《德国问题内幕》、《俄罗斯问题》、《论马歇尔计划》、《麦帅陛下》等。《世界知识》杂志的笔锋主要针对西方国家的反苏、反共浪潮、美国的侵略和战争政策、美蒋勾结制造中国内战等。特别是一针见血地分析最近一段时期内国际形势的《了望台》和《看图识事》的图表，很受读者欢迎。

上海解放前夕，国民党政府迫害进步文化事业，一些进步刊物相继遭禁止，对《世界知识》杂志的迫害也随之加紧。据现任世界知识出版社副总编辑罗洁2003年10月在《中华读书报》上发表的《一份杂志的69年经历》介绍：

> 老“世知”人回忆道：当时我们社址所在地（上海）河南中路昌兴里的保甲人员，偷偷地告诉我们，警察局已对我社注意，要我们小心。伪警管区的警员三番五次登门“来访”。

《世界知识》2002年第24期在“我与《世界知识》的故事”栏目中曾刊登过一位家住辽宁朝阳市的宋姓老人的回忆。他说自己是在极为危险的情况下接触《世界知识》的：

> 远在日伪统治东北的1944年，那时持有《世界知识》者，就是“反满抗日”之罪，轻则定罪，重则杀头。当时我刚上中学，在一个偶然的机会发现我的监护人为躲避日伪的搜查在大批地焚烧《世界知识》，在浏览之中、惊吓之余，《世界知识》却给我留下了深刻的印象。

1949年1月，淮海战役胜利结束。国民党反动统治面临崩溃，

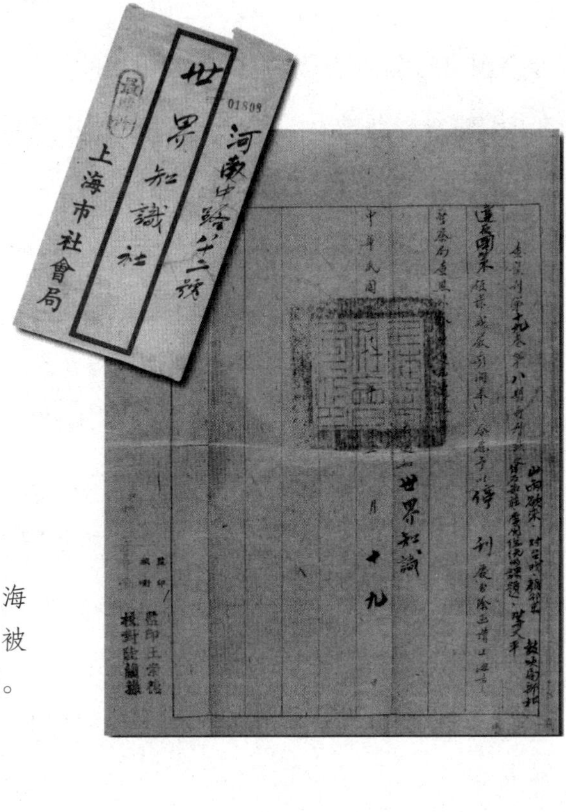

1943年3月19日上海解放前夕，《世界知识》被国民党反动政府勒令停刊。

对《世界知识》的迫害不断升级。3月23日,《世界知识》接到上海市社会局的公文，称“查改刊第19卷第八期所刊载之《山雨欲来》、《对台戏》、《颜邵来自石家庄》、《李代总统的课题》等文鼓吹局部和平，违反国策，值兹戒严期间，奉令应予以停刊处分”。这是《世界知识》历史上的第二次停刊。这份查封令，至今仍保存在世界知识出版社。两个月后的5月22日，上海解放。6月17日，在金仲华和冯宾符的主持下,《世界知识》立即复刊，并出版了“解放号”。杂志社的费明远、杨重光和朱育莲等同志们笑称，国民党的“停刊”只有“两个月”。

由于《世界知识》创办之初就是在党的领导下成立的，因此，《世界知识》就一直受到中共领导人的重视和支持。据《世界知识》的老编辑杨学纯先生在《〈世界知识〉的传统和道路》一文中介绍，在1939年6月10日，毛泽东在延安的一次高级干部政治报告中写了《反投降提纲》，其中引用了麦逸（郑森禹的笔名）1939年2月1日刊登在《世界知识》上的意在揭露日本帝国主义凶暴与虚弱的文章《敌报悲鸣录》。

1949年9月,《世界知识》在上海隆重举办创刊15周年纪念会，这是饱经磨难的《世界知识》第一次为自己举行周年庆典。编辑部的同仁们去找了他们一直崇敬的周恩来。于是就有了周恩来“世界知识”的题字。从1958年第1期起,《世界知识》刊头就采用了周恩来的题字，一直延续至今。周恩来一直关心《世界知识》，他后来在外交部的讲话中鼓励外事干部阅读《世界知识》，

1949年10月，在上海举行的《世界知识》创刊15周年庆祝会上，部分工作人员合影。

《世界知识》也是他自己经常阅读的杂志。

1950年，《世界知识》奉中央指令迁来北京出版。迁京工作由胡愈之亲自领导。金仲华因上海工作繁重，不能去京支持，就由冯宾符率领毛之芬、杨学纯等八位精干的人员来到北京（上海还留有办事处，王德鹏等留守，直到1951年撤销）。随后以《世界知识》为中心正式建立了出版国际问题的专业出版社——世界知识出版社。当时工作人员有12人，其中编辑五人。出版社开始是公私合营性质的机构，由中国人民外交学会的张奚若任董事长，外交学会副会长乔冠华任公方代理人，社长由担任出版总署署长

1950年4月，世界知识社迁京人员在东堂子胡同47号办公处合影。

的胡愈之兼任，张明养担任副社长，冯宾符任副社长兼秘书长。在沪的金仲华也是编委之一，有关编辑方针是通过信函共同商定的。金仲华每次公务到京，必到编辑部商谈工作，所以，他实际上并没有脱离《世界知识》。

在当时人力物力都很单薄的情况下，出版社积极与外事部门沟通，请他们撰稿。柯柏年在《世界知识》创刊50周年时回忆："1950年《世界知识》由沪迁京后，正值美国对朝鲜发动侵略战争。为了更有利于揭露美国的战争罪行和宣传抗美援朝的伟大意义，《世界知识》请了不少在外事部门有关的同志写稿。我当时是外交部美澳司司长，当然更是义不容辞。”著名日本问题专家冯昭奎在《冯宾符国际问题文选》的“跋”中这样回忆父亲的工作：

> ……记得在五六十年代，父亲担任世界知识出版社领导的时候，当时主管国际宣传的中共中央宣传部副部长姚溱同志以及外交部有关领导同志，经常来我家同父亲商量有关国际宣传的方针政策问题。

1952年，出版社编辑出版了建国后第一部专业工具书《世界知识手册》。1952年9月13日《世界知识》并入了人民出版社。当日，出版总署发出《关于世界知识出版社改为公营并合并于人民出版社的通知》。《通知》规定，合并后《世界知识》杂志及世界知识丛刊，对外仍保留世界知识出版社的名义。原世界知识出版社副社长冯宾符任人民出版社副总编辑。10月30日、11月3日，出版总署通知第6 2次署务会议决议，冯宾符任人民出版社第三副总编辑。12月，人民出版社专门成立《世界知识》编辑室，任命张明养为主任。另一部分人编入专门出版国际问题图书的第四编辑室。从1952年9月到1957年1月中央决定世界知识出版社恢复独立建制的四年期间，重大国际事件频发——1953年有朝鲜战争停战谈判，1954年有日内瓦会议，中印、中缅提出和平共处五项原则，1955年有亚非万隆会议、1956年有苏伊士运河战争等。《世界知识》杂志几乎对这一时期国际上所有发生的事件都做了

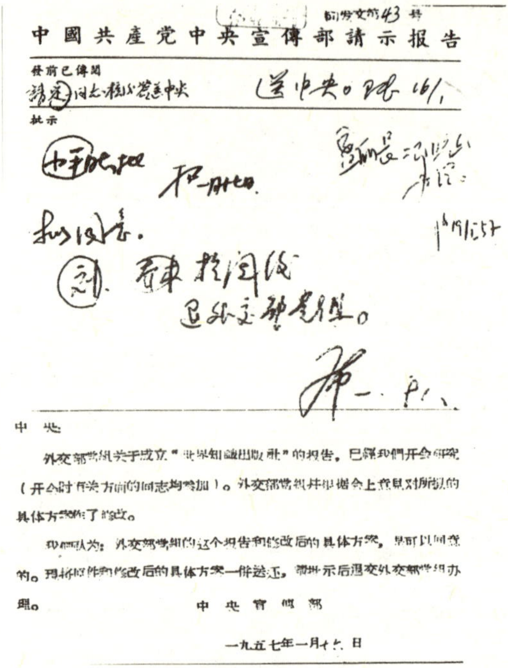

中國共產党中央宣傳部請示报告

發前已傳閱

批示

中央：

外交部党组关于成立"世界知識出版社"的报告，已經我們开会研究（开会时有关方面的同志均参加）。外交部党组并根据会上意见对所拟的具体方案作了修改。

我們认为：外交部党组的这个报告和修改后的具体方案，是可以同意的。现将原件和修改后的具体方案一并送上，请批示后退交外交部党组办理。

中央宣傳部

一九五七年一月十六日

1957年，经中央批准，世界知识编辑室和第四编辑室从人民出版社分出，成立世界知识出版社。

一一报道，《世界知识》的特派记者甚至还奔赴了战火中的朝鲜进行采访。

1957年1月，中央决定世界知识出版社从人民出版社分出，恢复独立建制，成为专门出版国际问题书刊的出版社。据著名国际问题学者和党史研究者何方说，这是外交部常务副部长张闻天向中央建议的结果。何方认为，张闻天一直有设立外交学院、世界知识出版社、国际问题研究所和建立一个国际问题图书馆的设想。目的是为加强国际问题研究，为外交事业服务。外交人员要做研究也是张闻天在驻苏使馆期间提出并亲自躬行的。

何方的这一说法，得到了曾担任张闻天政治秘书、后来做了世界知识出版社总编辑的萧扬的认同。他认为，张闻天在出版社的恢复建制上倾注了大量心血。在《张闻天与中国外交》一书中，萧扬说：

> 1956年3月，外交部党组正式给中央写报告，建议以《世界知识》编辑室和人民出版社第四编辑室（即国际问题图书编辑室）为基础，加上其他方面的力量（主要是《争取持久和平，争取人民民主》报编辑部），成立一个国际问题书刊的专业出版社，得到中央批准。其间，中宣部曾想把《世界知识》杂志改为内部刊物，张闻天不同意，1956年4月13日他自己找了中宣部副部长张际春，做了说服工作。他同上海方面协商，抽调时任《新闻日报》总编辑的刘思慕担任社长兼总编辑（1958年上海要回刘思慕，改由20世纪30年代即在《世界知识》工作的冯宾符任总编辑，另从外贸部调来曾在生活书店工作的顾一凡任社长）。他多次主持会议，确定出版社的编制、领导关系等问题。1956年12月11日，张闻天签署外交部党组的报告，表示成立国际问题书刊专业出版社的筹备工作已经完成，它定名为世界知识出版社。1957年1月18日，邓小平总书记代表中央批准这一报告。……

萧扬认为，“这不是旧的世界知识出版社在合并于人民出版社四年多以后的简单恢复，而是它作为新的完整意义上的出版社（既拥有期刊编辑部，又拥有以前不曾有过的独立的图书编辑部）的重生”！

世界知识出版社恢复建制后，由外交部直接管理。1963年，由冯宾符任社长兼总编辑。

无奈的是，“文革”中，《世界知识》因被污蔑为“反革命、卖国杂志”而被“彻底砸烂”。人员下放，资料遗失，出版社书刊出版业务完全停顿。这是《世界知识》第三次停刊，而且一停就是12年！而且令人痛心的是，好几位领导同志如冯宾符、吴景崧、梁纯夫等就倒在《世界知识》的岗位上，金仲华含冤去世，罪证之一就是主编《世界知识》！

郑森禹在《世界知识的战斗历程》中说，由于遭劫重，破坏大，恢复不易，世界知识出版社直到1978年才重新筹建，《世界知识》杂志于1979年1月才重新复刊，接着逐渐恢复了图书的出版。

可以说，《世界知识》暨世界知识出版社一直在党的领导下，筚路蓝缕，一路走来，从早年作为我党团结广大爱国知识分子、宣传党的统一战线与人民武装的重要平台，到五六十年代，“在我国国际宣传报道、国际问题研究成果编辑出版以及向国内干部介绍国外领导人和著名学者的重要著作及社科成果等方面，确曾占有十分突出、重要，在某种意义上也可说是‘独占’的地位”（冯昭奎语）。改革开放后，出版社在解读国际形势、中国外交以及普及国际知识等方面仍然在国内出版社当中持有领先地位。其国

《世界知识》停刊12年后，于1979年复刊。

际视野、中国立场的理性阐述和表达，在读者中影响很大。经过80年的岁月磨砺，特别是近三十多年的发展，世界知识出版社业已成长为具有广泛社会影响的权威性国际问题书刊出版社，在拥有《世界知识》、《世界博览》、《世界知识画报》、《英语沙龙》、《英语文摘》、《世界遗产》六大期刊的同时，还累计出书达5000多种，其中有许多是国家和行业的重点书，还出版有辞典、年鉴等工具书以及一大批引进海外版权的名著佳作中译本，在知识界和广大青年读者中享有很高的声誉。

近些年，面对日益激烈的市场竞争，世界知识出版社针对自身特点和市场行情，成立了期刊中心和图书中心两大版块，此外还组建了北京世界知识音像电子出版社、北京世知东方文化传播有限公司、北京世知国际文化交流中心等下属机构。如今，世界知识出版社正在绘制新的发展蓝图，实现以深化内部改革、创新机制、优化出版物结构、提高质量效益为主线的战略性转变。世知人将继续发扬勤劳敬业、锐意进取的创新精神和传统，开拓书刊出版的新天地，力争为建立和谐社会和实现中国梦作出更大的贡献。

参考资料：

1. 世界知识出版社70年（1934—2004）

2. 世界知识创刊五十年纪念集

3.《世界知识》2002年第22、24期。

4. 人民出版社50年大事记 http://202.149.227.66/50yeas/index.htm

5. 于友:《胡愈之》，人民日报出版社，2005年5月。

6. 白槐:《金仲华传》，文汇出版社，2013年3月。

7. 杨学纯:《中外名记者·金仲华》，人民日报出版社，1996年7月。

8. 金立勤等:《铁笔丹心：金仲华画传》，东方出版中心，2011年。

9. 桐乡市金仲华纪念馆建馆十周年征文集:《走近金仲华》，2009年11月

10. 海盐县政协学习文史资料委员会 :《韬奋挚友毕云程》，学林出版社，2000年8月。

11. 林贤治:《鲁迅的最后十年》，东方出版社，2006年1月。

12. 金立勤:《金仲华：抗战中创造〈世界知识〉的奇迹》，引自《走近金仲华》，桐乡市金仲华纪念馆建馆十周年征文集。

13. 王振羽:《从创办大用出版社到〈世界知识〉复刊》，引自《人物写真·出版史料》，2007年第2期。

14. 严修桢:《著名革命出版家王德鹏》，http://blog.sina.com.cn/s/blog_5344ce830101cj6e.html

15. 何方:《何方谈史忆人》，世界知识出版社，2010年10月。

16. 萧扬:《张闻天与中国外交》，学林出版社，2012年10月。

17. 罗洁:《一份杂志的69年经历》，载于《中华读书报》2003年10月。

1934—1956年创办者及工作人员合影

胡愈之

邹韬奋

徐伯昕

毕云程

张仲实

钱俊瑞

刘思慕

金仲华

张铁生

乔冠华

钱亦石

上海河南路昌兴里办公的《世界知识》部分编辑人员。

1946年3月，朱育莲、费明远、杨重光、洪一龙于上海纱布交易所主楼《世界知识》集体宿舍内。

刘思慕（左）、郑森禹（中）、姚溱（右）在一起。

1954年，胡愈之（左三）、金仲华（左二）、郑森禹（右一）夫妇、杨重光（左一）在维也纳。

1948年春，世界知识社全体员工在上海西郊冠生园聚会。

右起：刘思慕夫妇、吴景崧、郑森禹、张明养、吴斐丹。

建国初期世界知识社主要负责人同沈钧儒等合影。

冯宾符（左）、杨学纯（右）同许广平（中）在怀仁堂后花园。

1957—1966 年世界知识出版社负责人及编审

冯宾符

顾一凡

吴景崧

梁纯夫

王崇理

许文益

王 里

郭子光

汪衡

黄季方

1979年复社以来世界知识出版社历任主要社领导

郑森禹

李连庆

朱 烈

萧 扬

王明修

沈允熬

陈平陵

徐贻聪

郭崇立

安国政

黄舍骄

王成家

时延春

张宏喜

沈国放

高树茂

闵永年

范建民

二、领导人关怀下成长

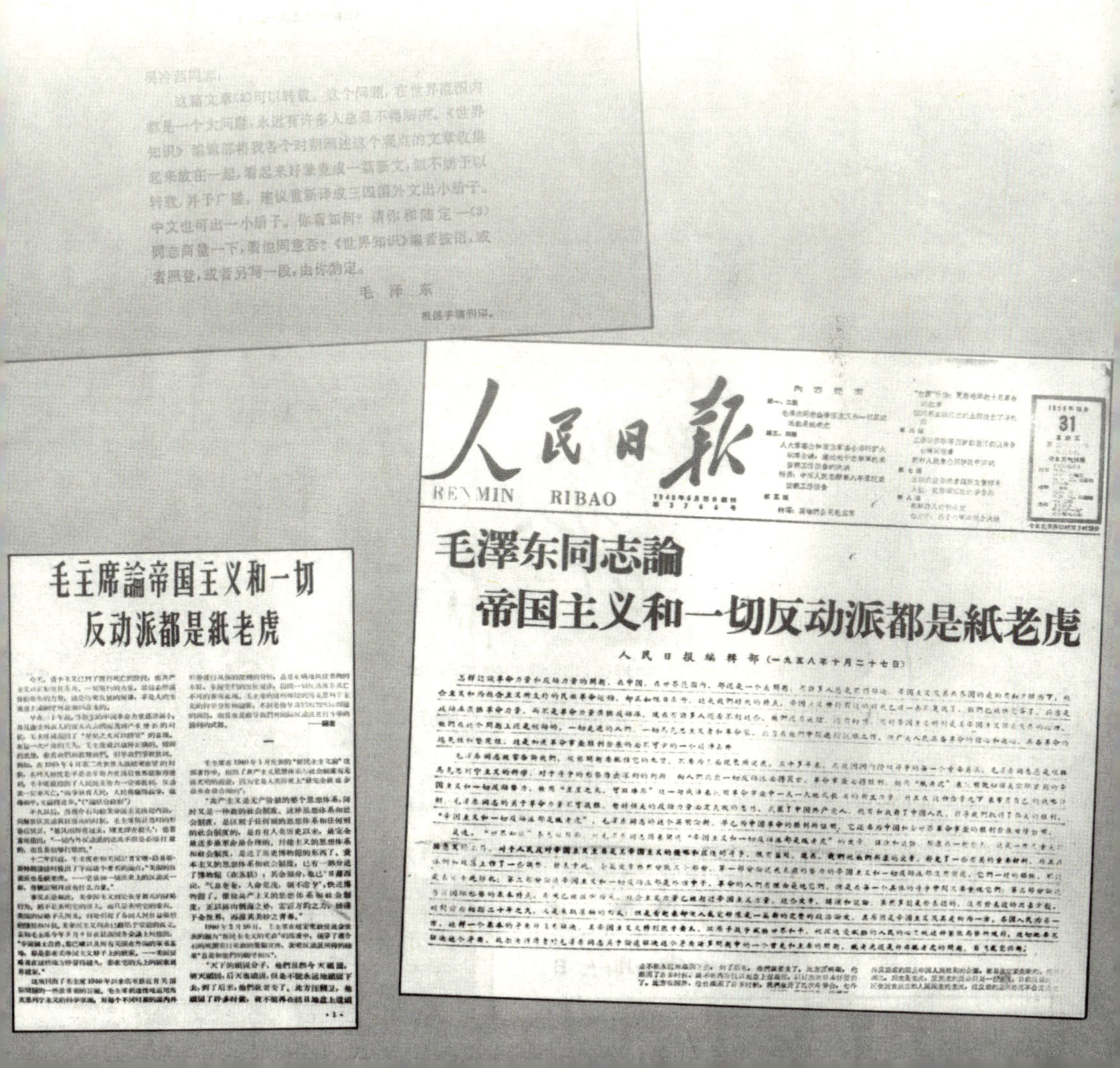

吴冷西同志：

这篇文章(2)可以转载。这个问题，在世界范围内都是一个大问题。永远有许多人总是不得解决。《世界知识》编辑部将我各个时期阐述这个观点的文章收集起来放在一起，看起来好象是成一篇新文，似不妨予以转载，并予广播。建议重新译成三四国外文出小册子。中文也可出一小册子。你看如何？请你和陆定一(3)同志商量一下，看他同意否？《世界知识》编者按语，或者照登，或者另写一段，由你酌定。

毛泽东

根据手稿刊印。

人民日报

RENMIN RIBAO

毛澤东同志論
帝国主义和一切反动派都是紙老虎

人民日报编辑部(一九五八年十月二十七日)

毛主席論帝国主义和一切
反动派都是紙老虎

毛泽东与《世界知识》的故事

葛　军

"一天晚上，他们（敌人）突然一下子退出去了，正是（1936年）12月12日。我们感到奇怪，我们怕他们佯撤，还是不出去。第二天12月13日，还是没有见他们。我们估计一定发生了大事，也许日本人进攻了。后来老百姓告诉我们说，蒋介石被抓起来了，又买到了几张报纸，知道了西安事变。以后他们差不多两个月没再来进攻。有一次我们买了一包花生米，是用《世界知识》包的。上面说毛主席讲民族矛盾已上升为第一位，阶级矛盾降到第二位，与革命的三民主义可以合作。我们就此召集大会大讲政治形势。"这段话是陈毅同志于1964年9月7日所写的《祝〈世界知识〉创刊三十周年》一文中所讲述的一个小故事。

故事中所讲述的是抗日战争在即，毛泽东及时而敏锐地洞察到局势的变化，并根据当时国内的现状，做出"联蒋抗日"的决断。其实，毛泽东与《世界知识》曾经有着种种的联系，这种联系表现为不同方式、不同时期、不同内容。

在老一辈“世知人”的回忆中，经常可以读到有关毛泽东与《世界知识》的文字。世界知识出版社前任社长兼总编辑李连庆曾在《世界知识》创刊50周年时著文回忆说：“《世界知识》曾经得到毛主席、周总理、陈毅副总理和其他中央领导同志的关怀和鼓励，如毛主席在抗日战争时期在延安作报告，曾引用了《世界知识》的文章……”

毛泽东与《世界知识》的关系还不仅限于此。1958年，为配合当时国内外斗争的需要，《世界知识》编辑部把毛泽东历来论述“帝国主义和一切反动派都是纸老虎”的文章、讲演和谈话辑录在一起，并于当年第20期予以发表。毛泽东随即在致吴冷西的信中建议《人民日报》加以转载。毛泽东写道：“这篇文章可以转载。这个问题，在世界范围内都是一个大问题，永远有许多人总是不得解决。《世界知识》编辑部将我各个时期阐述这个观点的文章收集起来放在一起。看起来好像竟成一篇新文，似不妨予以转载，并予广播……《世界知识》编者按语，或者照登，或者另写一段，由你酌定。”同年10月31日，《人民日报》以《毛泽东同志论帝国主义和一切反动派都是纸老虎》为题全文转载，并加了按语。按语说：“《世界知识》编辑部把毛泽东同志历来阐述‘帝国主义和一切反动派都是纸老虎’的文章、讲演和谈话辑录在一起发表，这是一件有重大政治意义的工作。”

“纸老虎论”是毛泽东1946年在延安与美国记者安娜·路易斯·斯特朗的谈话中提出的著名论断。《世界知识》发表这一专辑并经《人民日报》转载，使这一论断更加家喻户晓，并为世界所知。两年后的1960年《世界知识》第22期又发表了斯特朗的文章《一个现时代的伟大真理——忆毛主席谈纸老虎》。

除发表“纸老虎论”之外，毛泽东还多次对《世界知识》的具体问题做过批示。从1957年起，《世界知识》开始试办“外论介绍”这一栏目，刊登国外有影响的国际问题评论家对各种国际事件和问题的评论。1959年初，经胡乔木建议，张闻天就正式开辟“外论介绍”栏目的事向中央呈写了一份报告。毛泽东很重视，并于1月19日亲笔在报告上批下了“可以试行”四个字。此栏目开设后曾刊载过尼赫鲁的《印度的今天和明天》等。虽然这个栏目伴随着《世界知识》80年的坎坷，走走停停，停停走走，也变换过不同的形式，但她始终肩负着她最初的使命，今天您依然能在《世界知识》上阅读到“外刊要论”这个小栏目。

其实，毛泽东与《世界知识》的关系远不止这些。《世界知识》关注世界，更关注中国眼中的世界和世界背景里的中国，毛泽东作为一代伟人和新中国缔造者及建国初期国家政策制定者之一，当然是这份杂志所关注的。

1997年第16期的《世界知识》，刊载了从一份外国报纸上翻拍下来的一幅长卷照片的片断，作为照片上当事人之一的著名国际问题专家俞邃撰文回忆说，这张照片拍于1963年7月21日首都

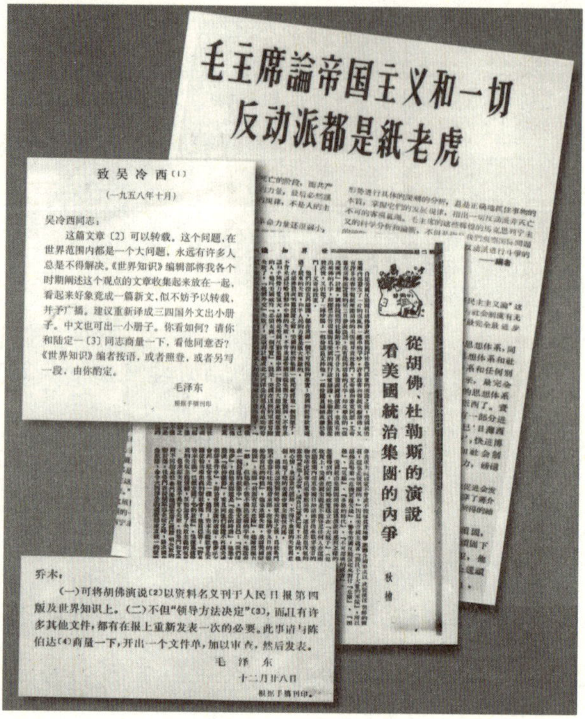

毛泽东对《世界知识》编辑工作的关心与指示。

机场。当时中苏之间争吵已经白热化，邓小平此次出访是赫鲁晓夫时期中苏两党的最后一次接触，但不欢而散。7月21日中共代表团回到北京时，毛主席和其他中央领导同志以及首都各界群众代表5000多人去机场欢迎。毛主席到机场迎接从国外回来的自己的代表团一共只有三次，这是其中一次，表明了党中央对代表团"坚决维护中国共产党独立自主的原则立场，反对党与党之间不平等关系"的完全支持和充分肯定。作者写道："（毛主席和其他中央领导）在机舱出口处附近排成长长的一字弧形，同我们大家一一握手。毛主席的手宽厚柔软……"

1998年第23期《世界知识》，刊载了《华堂片言授方略——秦力真大使忆毛主席同外交干部的一次谈话》，记述了1964年1月15日晚毛泽东在人民大会堂同陈毅、廖承志、姬鹏飞及秦力真等18名外交干部的一次鲜为人知的谈话，和当时留下的一张非常珍贵的合影。这只是毛泽东无数次就新中国外交事业阐述思想、传授方略中的一次。作者亲切地回忆说："这天（1964年1月15日）晚上，主席兴致颇高，谈锋甚健，话题很快就转到了国际问题方面。这时，有的大使问：'主席，中美谈判什么时候才谈完？'这指的是1955年开始的中美大使级会谈，当时由于美方死守拒不从台湾海峡撤军、拒不消除台湾地区紧张局势的顽固立场，会谈长期僵而不断。毛主席听后以他那惯常的举重若轻的方式作答：'会谈谈了一百多次了吧？谈到二百次再说嘛！'接着，主席话锋一转，讲到了联合国问题。他批评说：有些人老是希望进联合国，我就不希望，我们自己就是一个大联合国。不要想这个事了。"

凡此种种，不胜枚举。这些足可以说明毛泽东对世界局势的关注，对反映世界局势和中国与世界之密切关系的《世界知识》杂志的关注、关心和指导。

党和国家领导人的题词、批示

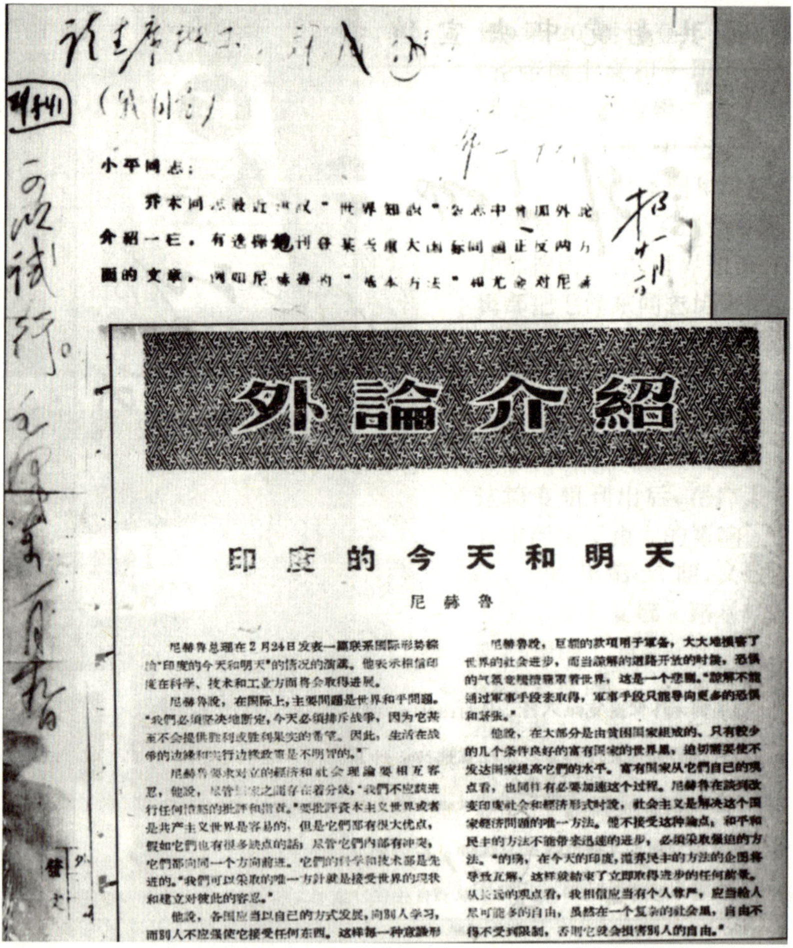

小平同志：

乔木同志建议在"世界知识"杂志中增设外论介绍一栏，有选择地刊登某些重大国际问题正反两方面的文章，例如尼赫鲁的"基本方法"和尤金对尼赫

外論介紹

印度的今天和明天

尼赫鲁

尼赫鲁总理在2月24日发表一篇联系国际形势检讨"印度的今天和明天"的情况的演讲。他表示相信印度在科学、技术和工业方面将会取得进展。

尼赫鲁說，在国际上，主要問題是世界和平問題。"我們必須坚决地断定，今天必須排斥战争，因为它甚至不会提供胜利或胜利果实的希望。因此，生活在战争的边緣和实行边緣政策是不明智的。"

尼赫鲁要求对立的經济和社会理論要相互容忍，他說，尽管国家之間存在着分歧，"我們不应該进行任何措辞的批評和指責。"要批評资本主义世界或者是共产主义世界是容易的，但是它們都有很大优点，假如它們也有很多缺点的話，尽管它們内部有冲突，它們都向同一个方向前进。它們的科学和技术都是先进的。"我們可以采取的唯一方針就是接受世界的現状和建立对彼此的容忍。"

他說，各国应当以自己的方式发展，向别人学习，而别人不应强使它接受任何东西。这样每一种意識形

尼赫鲁說，巨额的款项用于軍备，大大地损害了世界的社会进步，而当諒解的道路开放的时候，恐惧的气氛也继續籠罩着世界，这是一个悲劇。"諒解不能通过軍事手段来取得，軍事手段只能导向更多的恐惧和紧张。"

他說，在大部分是由貧困国家組成的、只有較少的几个条件良好的富有国家的世界里，迫切需要使不发达国家提高它們的水平。富有国家从它們自己的观点看，也同样有必要加速这个过程。尼赫鲁在談到改变印度社会和經济形式时說，社会主义是解决这个国家經济問題的唯一方法。但不接受这种論点，和平和民主的方法不能带来迅速的进步，必須采取强迫的方法。"的确，在今天的印度，滥弃民主的方法的企图将导致瓦解，这样就結束了立即取得进步的任何前景。从长远的观点看，我相信应当有个人尊严，应当給人尽可能多的自由，虽然在一个复杂的社会里，自由不得不受到限制，否則它就会损害别人的自由。"

毛主席关于《世界知识》设"外论介绍"专栏的批示。

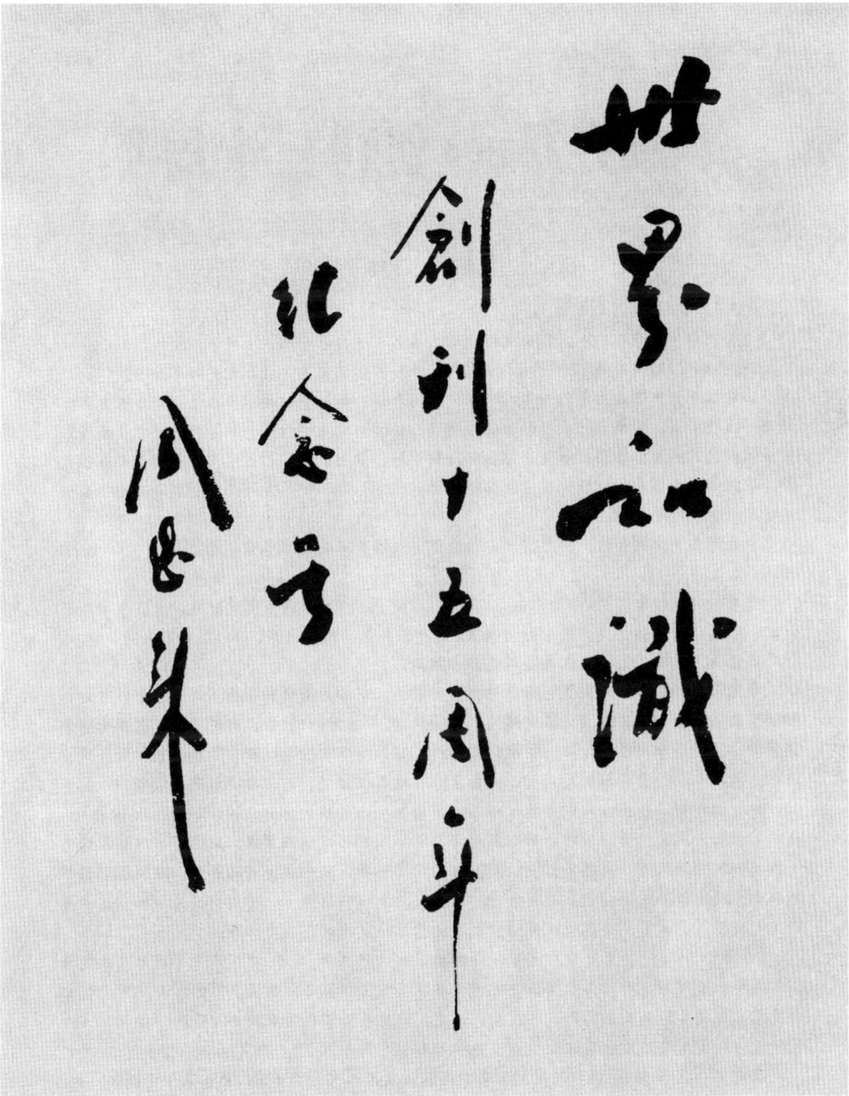

在纪念《世界知识》创刊15周年时，周恩来总理亲笔题字。

祝《世界知识》创刊三十周年

陳毅

《世界知識》出版三十周年了。

这个刊物的存在和成长，说明它对我国人民的事业是需要的，有益的。

《世界知識》所经历的三十年，是中国面貌和世界面貌发生了根本变化的三十年。

六亿五千万中国人民站起来了，中华人民共和国已经屹立在世界舞台上。社会主义已经越出一国的范围，而成为一个包括全世界人口三分之一以上的伟大世界体系。五十多个国家先后摆脱殖民主义的枷锁，走上了独立发展的道路。亚洲、非洲和拉丁美洲已经成为当前世界革命风暴的主要地区。世界资本主义总危机进一步加深，帝国主义国家特别是美国帝国主义的日子越来越不好过。

正如毛主席所概括的，世界的风向已经变了，现在不是西风压倒东风，而是东风压倒西风。

在解放以前的年代里，《世界知識》在党的影响下，突破国民党反动派的政治压迫和新闻封锁，宣传抗日反美，支持反法西斯战争，宣传社会主义的新世界，暴露资本主义的旧世界，反映各国人民的斗争。这些工作是有进步作用的。

中国革命的胜利，改变了国际政治力量的对比。中华人民共和国在国际事务中的政治影响不断扩大，我們同各国人民的友好关系不断发展。《世界知識》在党的领导下，根据毛主席关于国际阶级斗争的科学論断，根据我国对外政策总路綫的精神，致力于报道国际形势的新动向，說明中国外交斗争的新成就，提供国际知識的新材料。这些努力也是有成绩的。

这十五年来，在毛主席辉煌的战略策略思想和中央正确的方针、政策和路綫的指导下，通过多方面的实践，我們观察和分析国际形势的水平有了很大的提高，对国际情况的了解有了很大的进步。同时，也应当指出，我們对国际問題的研究还是比较薄弱的，我們所掌握的材料和知識还是不够系统、不够充分的。这种状况同我們国家今天所处的地位和所面临的任务是不相称的。我們一定要改变这种状况，我們也一定能够做到这一点。

《世界知識》是一个普及国际形势教育和国际知識的刊物。现在，我国人民不仅意气风发地进行着社会主义革命和社会主义建设的伟大事业，也同样关心着各国人民的革命斗争，关心着我国人民同各国人民之間的战斗友谊。因此，做好普及国际形势教育和国际知識的工作，做好宣传我国对外政策总路綫的工作，是一项重要的任务。

我希望，《世界知識》能够踏踏实实地学会运用毛泽东思想的武器，更加密切地联系群众，更加广泛地团结国际問題研究工作者，不断地改正缺点、提高质量，做出更多的成绩。

这就是我对《世界知識》創刊三十周年的祝愿。

·1·

陈毅副总理撰写的《祝〈世界知识〉创刊三十周年》的文章。

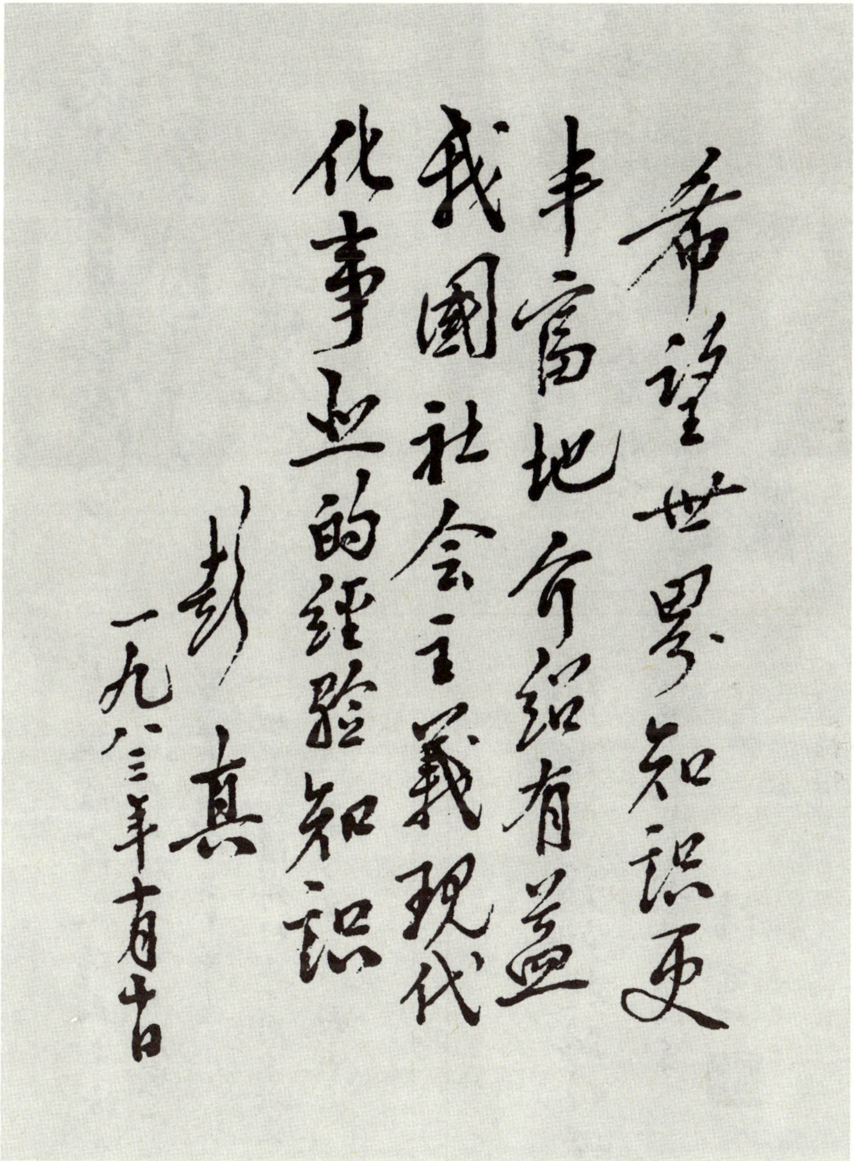

彭真为《世界知识》题词。

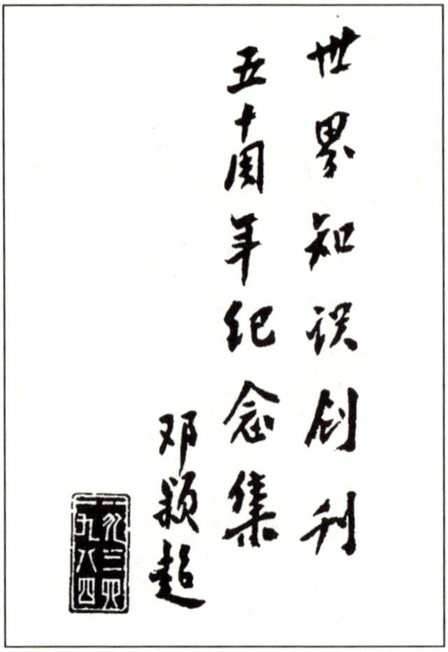

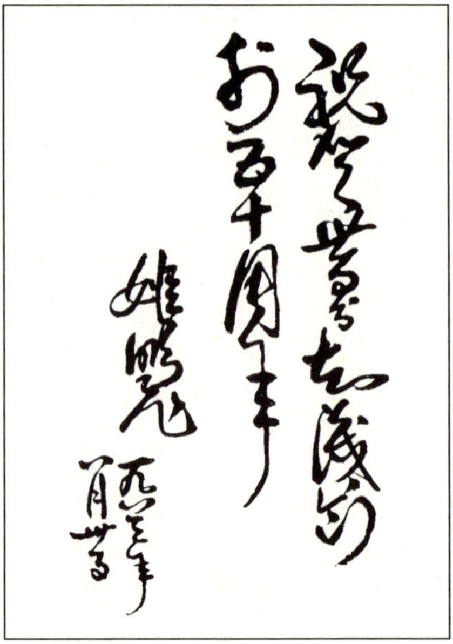

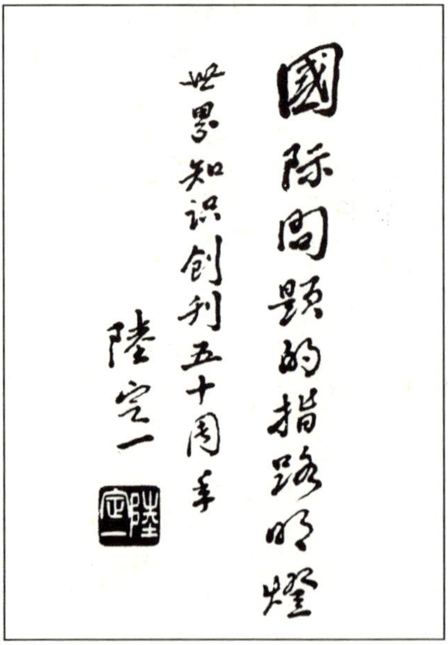

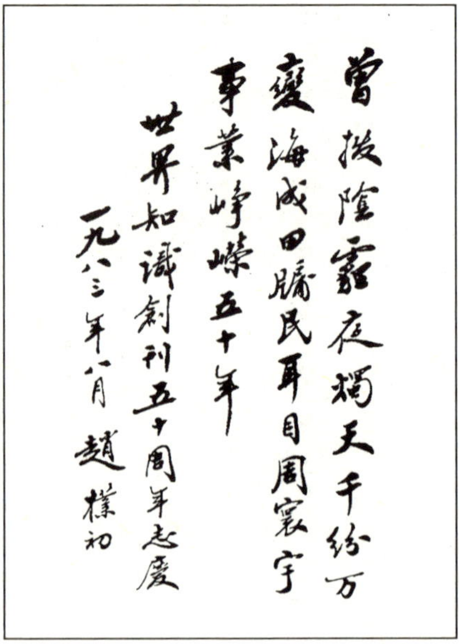

邓颖超、姬鹏飞、陆定一、赵朴初的题词。

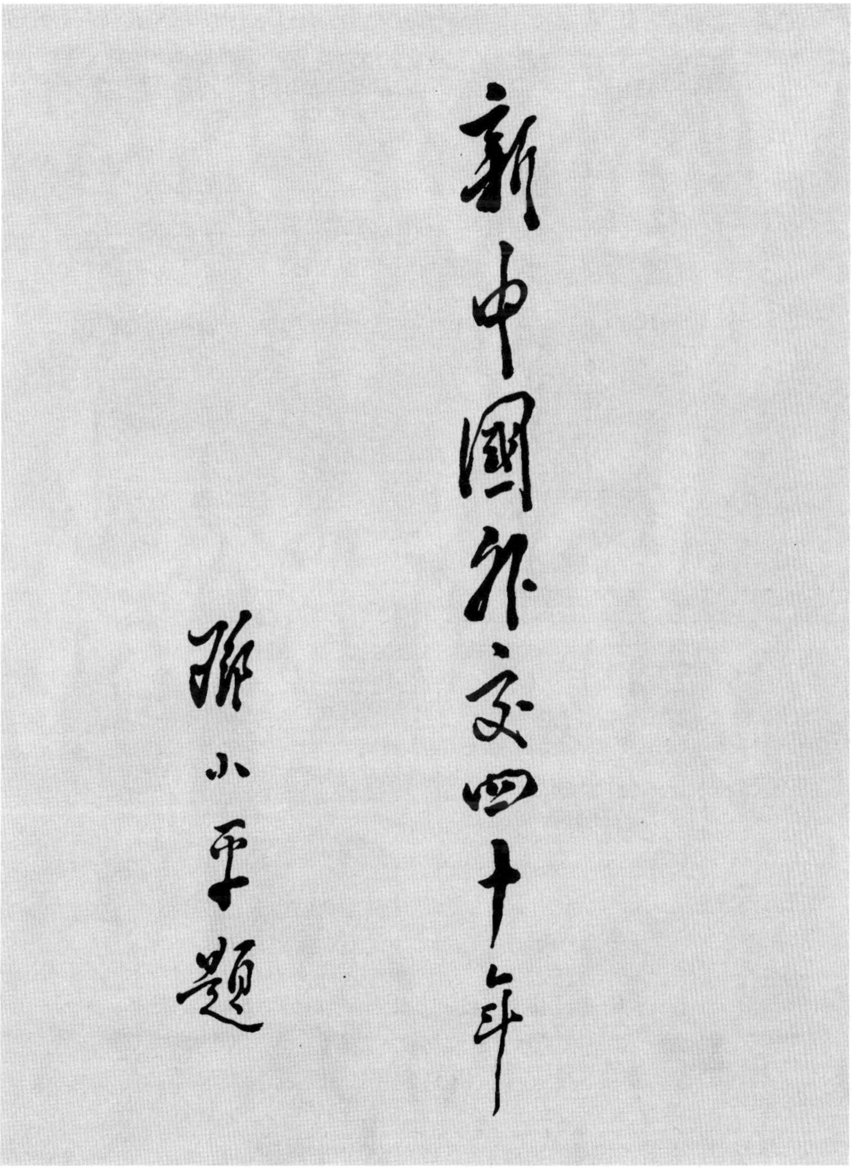

邓小平为《新中国外交四十年》一书题写的书名。

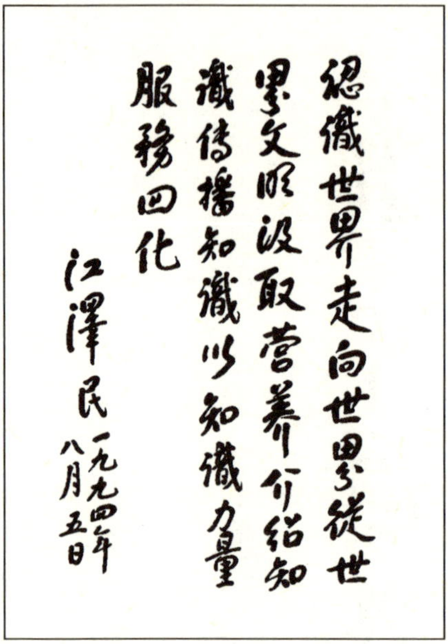

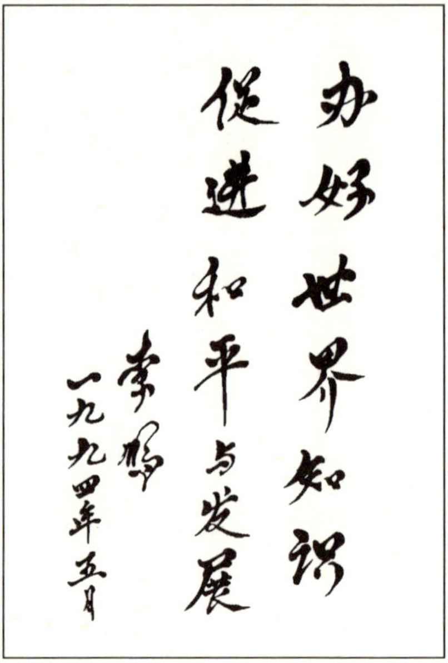

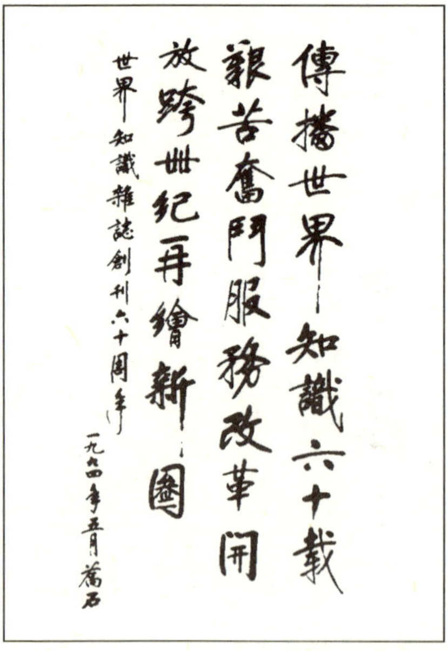

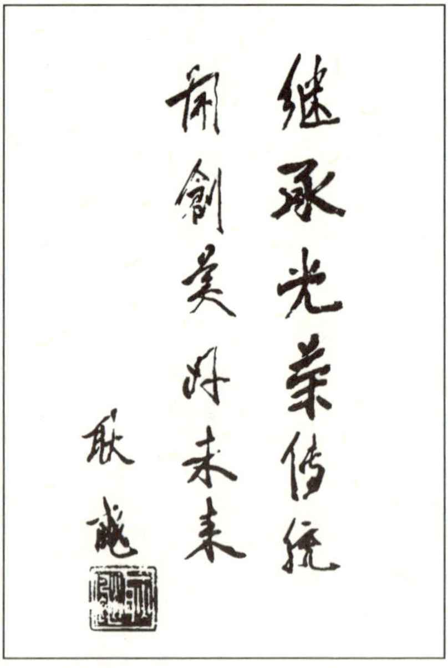

江泽民、李鹏、乔石、耿飚的题词。

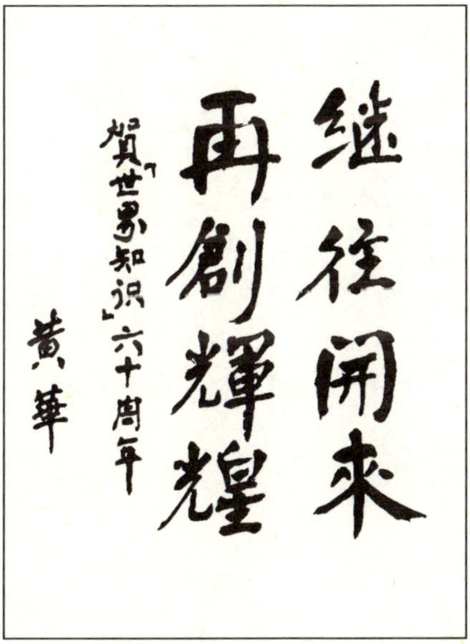

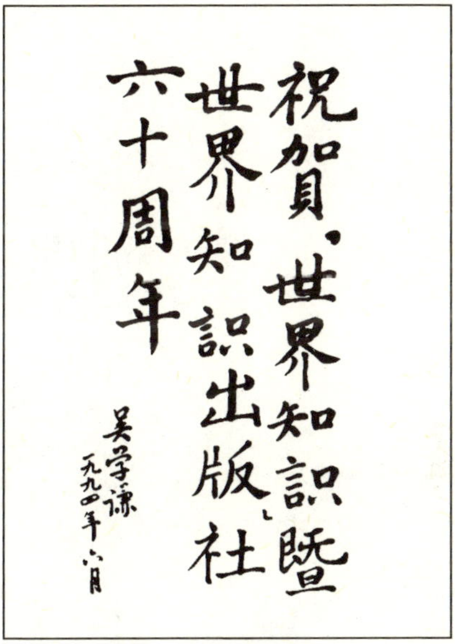

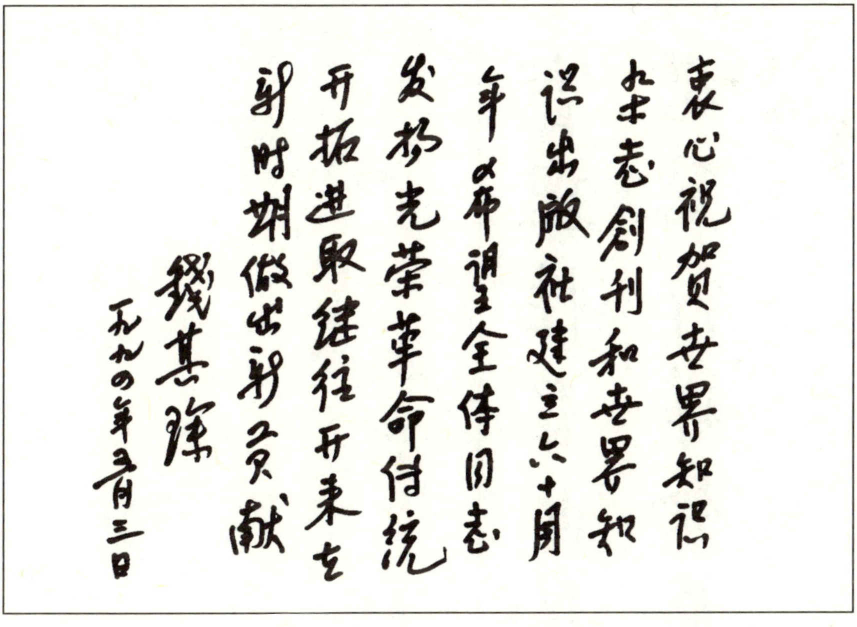

黄华、吴学谦、钱其琛的题词。

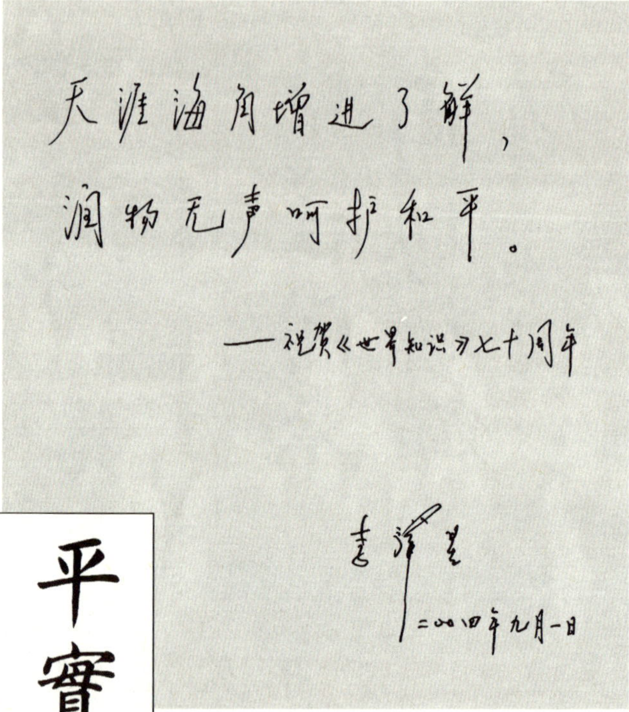
天涯海角增进了解，
润物无声呵护和平。
——祝贺《世界知识》七十周年
李肇星
二〇〇四年九月一日

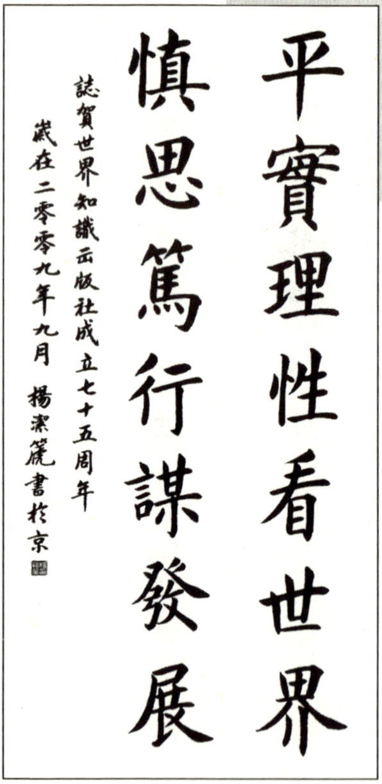
平實理性看世界
慎思篤行謀發展
誌賀世界知識出版社成立七十五周年
歲在二零零九年九月 楊潔篪書於京

李肇星、杨洁篪的题词。

三、高山景行：胡愈之的1937—1949

胡孝文

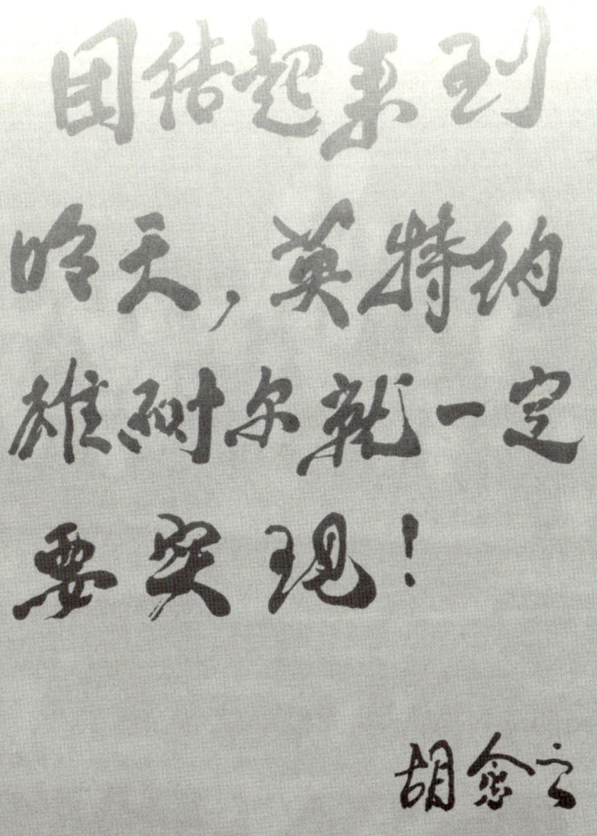

如今，人们谈新闻出版，多说起生活书店的老板邹韬奋；谈抗战时期在南洋的遭遇，多说起“五四”文人郁达夫。的确，在那个血与火的年代里，他们为民族救亡和解放捐弃了头颅，抛撒了热血，永远值得后人缅怀和敬仰。然而，至今很多人遗忘了，其实在他们的身边，始终站有一个人，那就是后来官至国家出版总署署长、全国人大常委会副委员长的浙江上虞人胡愈之先生。

中央特科领导下的特别党员

胡愈之（1896—1986）是《世界知识》的创办人，也堪称《世界知识》真正的灵魂人物。但是抗战开始的时候，他并不在《世界知识》杂志，表面上在法国哈瓦斯通讯社任职，但主要领导已于“一·二九”运动后在上海成立的全国各界救国联合会（简称“救国会”）的工作。“七七事变”爆发之际，胡愈之正担负起营救邹韬奋等“七君子”的组织工作，并于（1937年）7月5日同约请而来的宋庆龄等人一起自带便装，准备与“七君子”一起坐狱。两天后，卢沟桥上响起了抗战的炮声。7月末，“七君子”被当局无罪释放。

胡愈之是受潘汉年之命从事救国会的领导工作的，其后成为“救国会的灵魂”（共产党员宣侠父语）。其实，早在1933年9月，胡愈之就已经加入了中共。但为了安全，中央决定，胡愈之在公开活动中不得以中共党员的面目出现，受中央特科直接领导，单线联系。但这还闹出了“问题”——1936年2月上海“左联”解散，冯雪峰受中央委派从延安来到上海，秘密开展党的工作。当时，冯雪峰首先找到的人就是胡愈之和胡愈之非常熟悉的鲁迅先生。在后来“反右”时竟有人以此来批判冯雪峰搞什么先党外后党内，不相信自己的党员，一直到1979年胡愈之秘密党员的身份公开后，才为冯雪峰洗刷了一大冤枉。

在胡愈之入党的问题上，陈荣力在《大道之行：胡愈之传》上讲到一个材料，说1931年1月《莫斯科印象记》发表后，胡愈之在茅盾家里见到了前来找他的张闻天，从谈话中，胡愈之也感觉到张闻天在试探他对党的态度，但此后就再也没有见着张闻天了，直到建国以后的再次相遇。是否也就意味着，胡愈之的入党是张闻天一手安排的呢，不得而知。

坚守“孤岛”五个月

蒋介石发表对日抗战的“庐山谈话”（1937年7月17日）后，

上海文化界成立了“救亡协会”，胡愈之作为理事并以救国会成员的身份担任协会宣传部副部长。上海沦陷前夕，担任宣传部长的国民党文人周寒梅逃到内地，实际主事的是胡愈之和一批中共地下党员和左派人士。为了及时地向国外宣传中国的抗战情况，争取国际社会的同情和支持，胡愈之在宣传部成立了一个国际宣传委员会，每天上午招待外国记者，不仅有前方战况的报告，而且又有后方同仇敌忾抗日救亡运动的报道；不仅有国民党正面战场的战况介绍，而且有共产党八路军挺进敌后并取得平型关战役的重大胜利。因此，这样一个有实质性内容的记者通报会很受外国记者的欢迎，消息被大量采用。为了向海外华侨发布抗战消息，胡愈之还专门设立了一个国际新闻供应社，这个社的工作基本由其在《世界知识》工作中熟识的同志担任。上海沦陷后，该社转移到香港。

“八一三”淞沪会战打响后，胡愈之积极投身抗战烽火，全身心地构筑抗日救国的文化阵地。他除了与刚刚出狱的邹韬奋一起创办《抗战三日刊》，并具体参与战前由周恩来倡议创办的《救亡日报》的领导和编辑工作之外，还以手中的笔为锐利武器在《世界知识》上发表文章鼓舞民众奋起抗战的信心和勇气。

在上海期间，他还在1937年10月19日鲁迅逝世一周年的日子里认识了影响他一生的周恩来。而周恩来后来也与《世界知识》结下了不解之缘。其实，周恩来对胡愈之也垂青已久。据郝在今在《协商共和》一书中说：

> 亲历过1927年血腥“四一二”事变的周恩来曾说过，有两件事情他终身不忘：一是郑振铎等公开发表抗议信，二是郭沫若写的《请看今日之蒋介石》。屠刀之下，还有奋不顾身的中国知识分子为党申冤！两件事情的第一件抗议信，就是胡愈之起草（和署名）的。

胡愈之就因为自己此事，遭到国民党反动势力的嫉恨，被迫以《东方杂志》驻欧洲特约记者的身份流亡法国，从此与马克思主义学说结缘。留法期间，他曾利用假期游历欧洲。其1931年对苏考察后写成《莫斯科印象记》，从此声名大振。邹韬奋就是看到这本书后有了面见胡愈之的冲动。

1937年11月12日，上海陷落后，租界沦为“孤岛”。上海的许多团体和邹韬奋等爱国人士都纷纷转移到了武汉和香港等地，但胡愈之仍然坚守上海，继续负责救国会的领导工作，直到1938年4月。近五个月的时间里，胡愈之除了创办了《集纳》和《译报》等摘译外文的报刊外，还悉心打造了中国出版史上两个意义重大的杰作——翻译出版《西行漫记》和编印《鲁迅全集》。

“非法”出版《西行漫记》

埃德加·斯诺是美国新闻记者，1928年来到中国，先后在上海、北京以写稿、教书谋生，其间与进步人士和共产党人大量接

1937年12月起，经胡愈之设计，出版了《集纳》周刊代替《世界知识》，向读者介绍国际形势。

触，逐渐同情中国革命，遂产生向世界介绍红军的想法。1936年春天，在宋庆龄的联系与帮助下，斯诺与在上海行医的马海德医生一起，冒着生命危险，经西安前往陕北苏区访问。其间，他采访了毛泽东、朱德等中共领导人，并用相机拍摄了他们的形象。此外，他还深入红军战士和老百姓当中，口问手写，对苏区军民生活、地方政治改革、民情风俗习惯等做了广泛深入的实地调查，搜集到了关于红军与长征的第一手资料。1937年卢沟桥事变前夕，斯诺完成了《红星照耀中国》的英文写作，当年10月由英国戈兰茨公司出版。这是外国人第一次全面系统地介绍红军长征的纪实版本。

尽管斯诺成书并在英美大为行销之际，也是国共第二次合作、结成抗日民族统一战线之时，但是，对于这本为共产党“表功”的“红色”书籍，国民党当局自然视之为“洪水猛兽”。1937年11月，斯诺在上海见到了胡愈之，并以英文版《红星照耀中国》一册相赠。胡愈之读后，顿时萌生将其译成中文出版的想法。但他仍很谨慎。斯诺是胡愈之在国民党组织、由潘公展主持的文化界救亡协会上认识的，只知道他以前是燕京大学教授，北平沦陷后就不知道他的底细了。在得到上海中共临时办事处的认可后，他随即联络林淡秋、胡仲持、许达、傅东华等进行翻译。翻译很快完成，但出版却碰到了难题。上海被日寇占领，租界当局宣布恪守中立，那里的出版商也都婉拒了胡愈之送上门来的业务。不甘半途而废的胡愈之，遂在自己的住处挂起了有名无实的出版社牌子“复社”，以复社的名义，用自己以前在商务印书馆工作的老熟人和他们尚未运走的印刷设备赶制出来。胡愈之说：“从一九三七年十二月开始翻译，到一九三八年一月出书，前后也不过一个月时间。”这在出版手段非常现代化的今天也是很难做到的。可见，胡愈之他们是非常了解这本书对于革命的意义的。关于中译本的书名，胡愈之考虑到日寇以及国民党当局对“红”与“赤”的恐惧，原书名《红星照耀中国》，一看题目即会引起他们的警觉。因此，为掩敌耳目，胡愈之把书名改作了《西行漫记》。为什么叫这个名字？胡愈之在《一次冒险而成功的试验》中说：

> 因为在工农红军长征后，关于我们党在西北情况的比较真实客观的报道，只有一本书：范长江同志写的《中国的西北角》。范长江同志当时是《大公报》记者，他跟随国民党部队去了西北，写了一系列关于红军的报道，后来集印成这本书，限于当时条件，不能写得很明显，但是已经很受欢迎了。从此，“西”或“西北”就成了我们党所在地的代称。《西行漫记》这书名，一般人看了就可以联想到我们党。

《西行漫记》出版后，通过秘密渠道到了读者手中。因本书是第一次向中国人民介绍共产党、红军和毛泽东，并附有难得一见的大量珍贵照片，故而一传十、十传百，销路大开，半年里一连重版了五次，印数高达九万多册，轰动了国内及国外华侨集聚地，在香港及海外华人集中地点还出版了该书的无数重印本和翻印本；在沦陷区和国民党白色恐怖弥漫的地方，许多进步读者冒着生命危险竞相传阅乃至传抄；不少国统区的热血青年像怀揣珍宝一样，秘密地携带《西行漫记》，辗转奔往革命圣地——延安，从而为革命队伍输送了大量的有生力量。著名学者李慎之在《李慎之自述：我是谁》中写下的心情就颇具代表性：

……到上海以后，因为读到许多党的进步刊物，更加增强了对党的向慕。特别是我在1939年读到斯诺写的《西行漫记》。……我认为共产党员个个都是救国救民顶天立地的英雄。

这里面还有一个插曲。据《大道之行：胡愈之传》介绍，《西行漫记》出版后，胡愈之第一时间将书送给了斯诺。不料第二天一早，斯诺即来找胡愈之，说夫人与他吵了一夜。原来，胡愈之在“附记”部分将斯诺夫人按照苏区的习惯翻译成了“爱人”，而“爱人”与“夫人”在西方是有不同的概念，斯诺夫人看后大发雷霆，任凭斯诺怎么解释也无济于事。没办法，胡愈之只好重新印刷“附记”才算了事。

出版《鲁迅全集》，“全赖胡愈之先生”

胡愈之与鲁迅，很多人都知道他们是浙江同乡、师生之谊。早在鲁迅去世时，胡愈之就组织和统筹鲁迅的葬礼，并将毛泽东写入鲁迅治丧委员会的名单。在鲁迅逝世一周年的时候，胡愈之就同宋庆龄、蔡元培等人一起成立了鲁迅纪念委员会。在出版《西行漫记》取得空前成功后，胡愈之便有了出版《鲁迅全集》的准备。但是，鲁迅的文章是国民党最忌恨的，而且又是身在“孤岛”，蔡元培、宋庆龄等纪念委员会的成员大都已转移到香港。于是，胡愈之便找到时任国民党中宣部部长的绍兴同乡邵力子。对鲁迅颇为敬重的邵氏只用大半天的时间就“看完”了许广平编辑的几百万字的清样，同意出版！紧接着，胡愈之重点解决出版经费。他借鉴《西行漫记》的出版做法，以“鲁迅纪念委员会”的名义，采用预约推销的做法来筹款，但是这套全集的文字比《西行漫记》多20倍，出版它需要很大一笔印刷费。为了多销，胡愈之决定平装的卖8元，精装本则配以木制书箱，每部售价100元，精装本实际成本二三十元，这样卖出精装本一部分，就可以以盈补亏，使全集出版不致赔钱。

因为战争，当时有钱人大都转移到香港、广州和武汉，因此，胡愈之决定只在上海做平装本，搞预约销售，预收书款，而将精装本重点放到香港和武汉。1938年4月，胡愈之带着样品去香港推销和筹款。胡愈之没有想到，这次上海一别，再回到这块战斗了20多年的土地，已经是整整十年以后的事情了。

胡愈之第一个找到了孙中山的儿子孙科，孙当场认购了十部，在香港销售很有成效；然后找到了蔡元培、宋庆龄，他们积极支持，蔡元培不但题字，还写了序言，并发表向海内外募集资金的通函和启事，印好预约券在香港出售；紧接着，胡愈之去了广州，

1938年5月到了武汉，正在武汉的周恩来，不仅让八路军办事处预订了许多部，还指示办事处帮助推销出100多部。救国会主席沈钧儒专门为出售《鲁迅全集》举行高档次的茶话会，当初用“非常”手段审查全集的邵力子第一个到场，并拿出1000元钱，当场订购了十部。在邵力子的带动下，国民党官员也纷纷认购。等认购的书款很快到齐后，胡愈之马上买纸开印。

1938年6月15日，《鲁迅全集》普及本出版，精装纪念本于同年8月1日出版。在当时险恶环境中，20厚册、600万字的巨著从策划、编校到出版，只用了短短的四个月，速度之快，效率之高，堪称奇迹。难怪，许广平在编校后记中写道：“一切擘画策动，则全赖胡愈之先生。”

左起：鲁迅、胡愈之、黎沛华、宋庆龄

从武汉到长沙，到桂林

在武汉，胡愈之以救国会负责人的身份，在郭沫若所担任的国民政府军事委员会政治部的第三厅里，做了分管宣传的五处处长。这是胡愈之平生第一次做了国民党的官，但他仍然想方设法突破国民党方面的限制，与当时同在武汉、积极向党的《大公报》记者范长江等先后发起成立“中国青年记者协会”和国际新闻社，团结和影响了一大批新闻工作者。

武汉失守后，胡愈之到了长沙。这次胡愈之辞去了三厅的职务，要求去延安，但周恩来却要他去桂林做统战工作，并将他介绍给一向与蒋有矛盾的白崇禧，要胡做白崇禧的秘书。不料，此事却遭到蒋介石的激烈反对。因为此前在武汉，蒋就对胡愈之印象深刻——胡愈之在武汉《新华日报》上就苏联倡导的国际青年节（9月4日）发表的一篇针砭意味明显的《中国青年运动的统一与中国青年解放》文章，引起了老蒋的极大不满，他在文章上用红蓝铅笔划了很多杠杠，批了很多话，并当面训斥了胡的直系上司郭沫若。

做不了秘书的胡愈之便到白崇禧挂名的广西建设委员会任职。这个“广西建设委员会”表面上是个学术团体，但实际上是为桂系网罗非蒋政治势力的智囊机构。很快，胡愈之与广西上层人物建立了关系，并采取创办《世界知识》约稿时的“聚餐会”

的传统，兴办文化供应站，将这里建成了桂林团结进步人士、开展抗日活动的大本营。其间，周恩来曾三次到桂林，并建立了李克农为主任的八路军办事处。这样，胡愈之便直接在党的领导下开展工作，文化供应社的很多人都是李克农推荐过来的。

帮助邹韬奋扩展生活书店

1938年12月，胡愈之曾接受邹韬奋的邀请到达重庆。鉴于当时的生活书店举步维艰，胡愈之提出了抗战时期的生活书店应大力发展分、支店，服务抗战文化的发展方针，并提出调整机构、亲自拟定改革方案等具体措施。胡愈之还被推举为编审委员会主席，这也是他第一次公开在生活书店任职。在胡愈之的帮助下，生活书店在不到一年的时间里，就在国统区的大小城市里办起了50个分、支店，发展到全盛时期。这次改革使邹韬奋对胡愈之佩服有加，在书店《店务通讯》上，还专门写了篇《我们的胡主席》文章，称颂“胡主席是本店的最有功勋的一位同事”。

邹韬奋与胡愈之的“战斗”友情最早可上溯到“九一八”事变之后。当时邹韬奋主持《生活》周刊，而胡愈之则在商务印书馆主持《东方》杂志的编辑工作。据汪家明在《胡愈之先生与三联书店》一文介绍，邹韬奋是在读了胡愈之的《莫斯科印象记》和《尚欲维持中日邦交乎》之后托人找到胡愈之的。前一篇文章是他在欧洲考察回来顺访莫斯科一周后写下的苏联见闻录，是我国第一本比较系统地介绍苏联政治、经济和人民生活的著作，激起了人们对新的制度的向往；后一篇写于日本占领东三省之后所表达的鲜明的抗日主张。这两篇文章一下子震动了刚刚接手《生活》周刊社的邹韬奋，要求会面并约稿。在经邹的同事、后来《世界知识》公开的编辑人毕云程介绍下，两人相识。从此，胡愈之成为邹韬奋最为信赖的知己和战友。在《生活》周刊因为加大宣传抗日救亡而触怒蒋介石的时候，是胡愈之与邹韬奋一起让它脱离了备受打压的黄炎培的中华职教社，成为独立刊物。在邹韬奋不愿当老板之际，又是胡愈之建议将《生活》周刊改组为生活出版合作社，对外称为生活书店。邹韬奋后来因“新生事件”流亡海外期间，生活书店就是胡愈之管理和经营的。以至于1934年，胡愈之在白色恐怖笼罩下的上海，以邹韬奋的生活书店出面创办《世界知识》也决非偶然。

到重庆，胡愈之还向周恩来汇报了桂林开展工作的情况，并商讨了有关香港国际新闻社与桂林国际新闻社合并事宜。接着，他到了香港，转道越南，于1939年4月又回到桂林。1939年夏天，香港与桂林国际新闻社合并。根据周恩来安排，胡愈之将总社设在桂林，又在重庆设立办事处，形成香港、重庆、桂林三地犄角之势。胡愈之尽管是总社的重要负责人，但他只挂了个“特约撰稿人”的头衔。为国新社撰稿的除了《世界知识》撰稿的名家外，还有“中国青年记者协会”会员等众多文化界人士。一时间，采用国际新闻社新闻稿件的报刊，竟然多达150家以上！

1939年底至1940年初，蒋介石实行限共、防共、融共政策，并将大量中央军开进广西，迫令白崇禧一起反共。不久，皖南事变爆发，国际新闻社被勒令关闭。在获知胡愈之上了国民党特务的黑名单后，李克农将胡愈之撤出桂林，向香港转移。胡愈之成了按党的指示第一个撤离桂林的人。临行前，胡愈之以轻松口吻对文化供应社的人说："过几天我就回来。"但他没有料到，不久等待他的是一个全新的战场——南洋。

关于胡愈之在南洋的经历，详见本书中《胡愈之：传奇的南洋岁月》部分。

缩短毛泽东解放战争的"时间表"

抗战胜利后，胡愈之又到了新加坡做统战工作。直到解放战争胜利前夕的1948年，他和夫人扮作侨商夫妇，通过中共的秘密交通线，才经由香港、上海辗转到达已是解放区的大连，等机会去河北平山县西柏坡的党中央驻地。

在大连，胡愈之与时任中共旅大地委副书记的著名文化人李一氓长谈。胡愈之告诉李一氓，毛泽东1948年3月在《关于情况的通报》中"五年左右(1946年7月算起)，消灭国民党全军的可能性是存在的"估计，他依据沿途所见，得出"从现在起还要两年多，这未免太长了"的结论。他说，"除军事形势外，还有一个人心背向的问题。国民党不仅军事崩溃了，经济崩溃了，政治也崩溃了，因而人心也崩溃了。在国统区，没有哪个阶层不希望解放军胜利，没有哪个阶层不希望蒋介石垮台。现在统治阶级已经到了不能照旧统治下去的时候了，革命正在走向质变，只需对国民党军队稍微增加一点压力，它必然很快地就会被彻底消灭。因此对胜利估计为两年以上的时间，可能长了一些。国民党区域的广大人民已经等不及了。"

李一氓闻听此言，马上报告旅大区党委，并建议立刻送胡去西柏坡见毛泽东。临走时，李一氓还着重提醒胡愈之，一定要把这个看法直接告诉毛泽东和党中央。事实证明，胡愈之的预见是正确的。同年11月，毛泽东写了《中国军事形势的重大变化》一文，修正了他对战争进程和胜利时间的估计：

> 这样，就使我们原来预计的战争进程，大为缩短。原来预计，从1946年7月起，大约需要五年左右时间，便可以从根本上打倒国民党反动政府。现在看来，只需从现时起，再有一年左右的时间，就可能将国民党反动政府从根本上打倒了。……

可以说，是胡愈之先生大大缩短了毛泽东解放战争的时间表！李一氓晚年忆及此事时，对胡愈之所提建议及其作用做了这样一番评价：

毛泽东把这个缩短一年（多）的估计，称为中国军事形势的重大变化。对这一变化最初提出有意义的分析的，我以为是胡愈之。这是他平生对党的最大贡献。我不是说没有他，毛泽东同志就不会发现这个变化，我只是说他起了他应有的积极的一定的作用。

参考资料：

1. 于友：《胡愈之》，人民日报出版社，2005年5月。

2. 陈荣力：《大道之行：胡愈之传》，浙江人民出版社，2005年10月。

3. 胡愈之：《一次冒险而成功的试验》，引自《纪念埃德加·斯诺》，刘力群主编，新华出版社，1984年8月。

4. 上虞市政协文史资料委员会，上虞市文化艺术界联合会：《胡愈之文化思想研讨会论文集——纪念胡愈之诞辰110周年》，2007年1月。

5. 白槐：《金仲华传》，文汇出版社，2013年3月。

6. 郝在今：《协商共和：1948—1949中国党派政治日志》，中国华侨出版社，2007年1月。

7. 陶菊隐：《孤岛见闻：抗战时期的上海》，上海人民出版社，1979年11月。

8. 李慎之：《李慎之自述：我是谁》，未刊稿。

9. 尚明轩等：《宋庆龄年谱》，中国社科出版社，1986年10月。

四、金仲华与三个地图绘制专家

胡孝文

现在，每看到一篇国际新闻报道或者东西方文化交流的文章，如果版面没有配发相应的新闻图片或者地图，总会让我感到似乎缺少点什么。这是我在《世界知识》杂志工作时养成的习惯。《世界知识》有一个传统，就是文图结合，图文并茂，讲究地图与文章的搭配。但是，这一传统来自于谁呢？当仁不让，应该归功于《世界知识》创始人之一的金仲华先生。早在20世纪30年代，他就认为，研究国际问题如果没有示意地图，就远远达不到令人信服的效果。在他一手培养下，《世界知识》先后出现了沈振黄、金端苓和朱育莲三位知名的国际形势地图绘制专家。可以说，在报刊上运用形势地图配合文字分析国际形势发展，《世界知识》是开了先河的。

首先，说说金仲华的妹妹金端苓。

金端苓比金仲华小11岁，1931年初中毕业后，和母亲一起从老家桐乡来到上海念高中，后因脚病而辍学在家。金仲华看到金端苓有绘画才能，就鼓励她学习地图绘画。在《我的回忆》中，她写道："仲华哥曾不止一次地对我说，研究国际问题是离不开地图的，读者了解国际形势也离不开地图。对发生战争的地区，我们读报纸，固然可以把握形势发展纵的联系，如果一面读报，一面看地图，就会帮助我们对形势发展的空间范围有一个横的认识，那就会在我们脑子里形成一个立体的概念。""他帮我熟悉国际形势，掌握绘图技巧，还经常为我收集资料，介绍我看一些外国优秀的形势地图绘制工作者的作品。"

1934年4月，金端苓在金仲华刚接任主编职位的《世界知识》上发表了《马德里战争地图》，从此一发不可收笔，"从1937年开始，我每期都为仲华哥开辟的'图表的世界'和'时事图解'专栏绘制形势地图，由他用仲华或孟如的笔名撰写文字说明"。接着，她一连发表了《全面抗战图》、《华北抗战形势图》，《吴淞浏河战区地图》、《陇海前线形势图》、《山西最近战局图》、《太平洋列强海军斗争图》、《苏联战场最近形势图》等数十幅有文字讲解的政治地图。

在金仲华帮助下，金端苓1943年在桂林刻印出版了《第二次世界大战形势图》，非常受欢迎，成为战时新闻出版史上一次成功的创举。难怪，抗战胜利后，周恩来找到了金端苓，要求她绘制一幅《国民党进攻解放区态势要图》了。

其实，在金端苓之前，有一个人需要着重强调的人物，他就是沈振黄。因为他牺牲得太早，如今很多人都不知道了。

沈振黄，浙江嘉兴人，是金仲华在开明书店协助叶圣陶编辑

《中学生》杂志时认识的，当时，金仲华刚从苏联塔斯社上海办事处辞职，就在《中学生》上开辟了“国际政治讲话”专栏，系统介绍国际政治、经济方面的知识。沈振黄是经《中学生》的编辑宋云彬推荐到开明书店担任书刊插图和装帧设计。因为沈振黄

金仲华亲手绘制的地图。

在兄长金仲华指导下，金瑞苓编绘出版的《第二次世界大战参考地图》。(1943年文光书店发行)

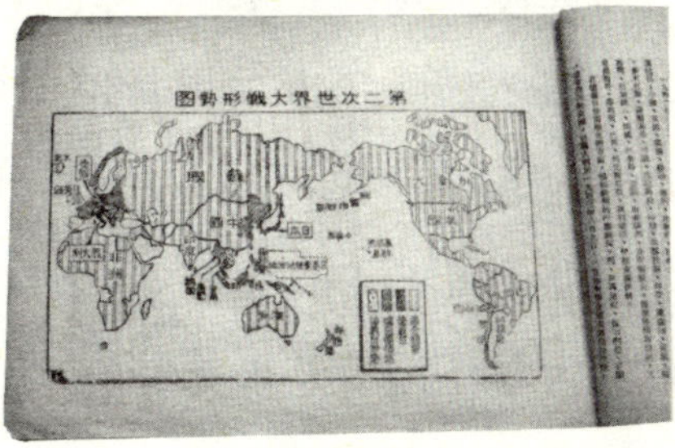

《第二次世界大战参考地图》内页。

小金仲华五岁，且是老乡关系，因此两个人走得很近。在金仲华的引领下，沈振黄不仅政治地图绘制水平提高很快，在1934年9月出版的《世界知识》上发表了多幅。而且还学会了画讽刺漫画，因爱好木刻而与鲁迅通信请教。在金仲华1935年离开开明书店进入生活书店后，沈振黄也随他而来，在《世界知识》上开辟“国际政治形势图解”的专栏。在1936年5月由生活书店出版了由金仲华撰文设计、沈振黄绘制的《国际政治参考地图》一书和《世界政治经济地图》挂图，遂使两人在出版文化界的名声大振。

抗战爆发后，沈振黄参加了钱亦石为队长的战地服务队，创作了很多救国宣传画。可惜的是，1944年11月25日，他带着怀孕的妻子朱曼其和两个孩子在一次撤离途中，为了给搭车的难民让座，自己蹲在车顶上，在两车相遇的时候从车顶摔下，脑浆迸裂而去世。在追悼会上，金仲华含泪报告了沈振黄的生平和牺牲经过，并与沈钧儒、郭沫若等49名文化界人士联名登报，为沈振黄募集子女教育基金的活动。

沈振黄离开上海后，金仲华培养了妹妹金端苓。金端苓1944年底进入美国新闻处图片部（金仲华时为美国新闻处译报部主任），负责绘制国际形势地图和展览工作，再后来，她去了香港，为中共的《华商报》、《文汇报》等绘制解放战争的形势地图。因此，1945年12月《世界知识》在上海复刊的时候，王德鹏将自己的表弟、刚从上海沪新中学工科毕业的朱育莲推荐给了金仲华。

朱育莲在《怀念恩师金仲华》一文中说，“初次和他见面是在上海爱多亚路（今延安东路）260号纱布交易所大楼里的一间狭小的办公室里。当德鹏同志带着一位器宇轩昂、神采奕奕的同志进来同大家介绍时，我胆怯而拘谨，不敢上前同他握手，只是恭敬地向他鞠了一躬。仲华同志看着我，爽朗地笑了，他亲切地同我握手，说‘啊，你就是小朱，听说你喜欢画画，好啊，很有用！’”在金仲华培养下，朱育莲一步步成长起来。

1947年3月，世界知识社出版了由金仲华撰文设计、朱育莲绘制的《第二次世界大战后世界政治参考地图》，书中收入文字说明约八万字，地图61幅，被读者评为“文优图秀”，是前所未有的。在该书的序言中，金仲华写了这样一段夸奖朱育莲的文字：“此外，我须要介绍一下本书的绘制者朱育莲君。他没有学过画地图的技术，却因为肯用心学习，在几个月内，就成为一个优良的绘图者。这本地图的迅速完成，能有这样精细美观的地图，没有他的合作，差不多是不可能的。”

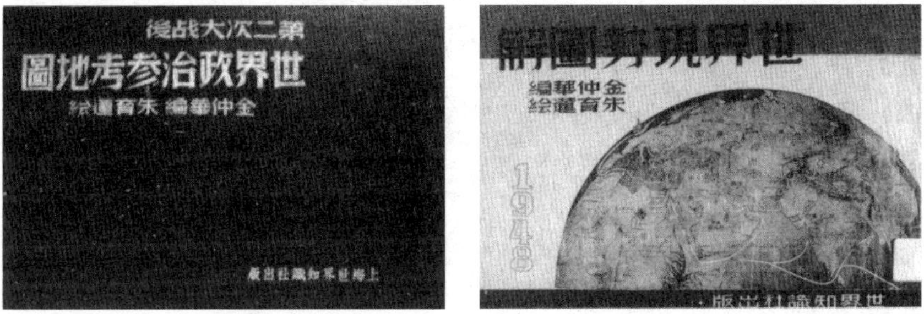

金仲华编著、朱育莲绘制的地图集。

朱育莲对此很珍惜，他在《怀念恩师金仲华》中说，“在我自己保存的一本图册（指《第二次世界大战后世界政治参考地图》）的扉页上，金仲华给我写了首热情洋溢的诗。这本册子历经十年文革，在大量珍贵书籍和资料都被荡然无存的劫难中，我还是千方百计把他密藏和保存下来”。全诗如下：

画地图本是一件枯燥的工作，
然而，你可以创造出生动的趣味来。
世界不断在变，
地图每天更新。
在平面上可以画下立体的图形，
用点和线描出经济政治的波纹。
让每个人读地图，
它比文字更流行。

1950年，朱育莲随《世界知识》一起迁往北京。1974年他作为著名的政治地图专家被调到《人民日报》社担任美术组长，继承发扬了金仲华开创的中国报刊登载时政地图的优良传统。

参考资料：

1. 金立勤等:《铁笔丹心：金仲华画传》，东方出版中心，2011年。

2. 桐乡市金仲华纪念馆建馆十周年征文集:《走近金仲华》，2009年11月。

3. 世界知识创刊五十年纪念集

4. 白槐:《金仲华传》，文汇出版社，2013年3月。

五、一本杂志的抗战

胡孝文

金仲华：带着《世知》流浪

流亡第一站：武汉

1938年1月，华中重镇武汉，水陆交通，一片繁忙。作家池莉在《老武汉——永远的浪漫》一书中写道：

（南京沦陷后，）全国各界的名人和精英们自然都聚集到了武汉。全国抗战大同盟总部成立。中华抗日救亡总会成立。中华全国文艺抗日协会成立……据不完全统计，抗战初期在武汉成立的抗日救亡团体就有80多个，

> 创刊或者出版的报刊有75种。老武汉热忱地全力投入了抗战。……人民群众在举行大会，在呐喊，在歌咏，在捐献。国家的首脑们在大楼里紧张地开会。全国文化艺术界的知名人士随处可见……

当时，在武汉出版的刊物中，有一本叫做《世界知识》的杂志，随处可见的文化界人士中，也包括当时《世界知识》的负责人金仲华先生。他是与生活书店的主持人邹韬奋一起来到武汉的。

武汉就是已在上海战斗了三年零三个月的《世界知识》战时流亡的第一站。从1938年1月1日起，《世界知识》开始在武汉出版。尽管战时的武汉一度成为全国的政治中心，但对于新闻杂志出版而言，困难重重。《世界知识》与生活书店的员工们组成了以邹韬奋为首的阵容强大的编审委员会，金仲华为副主任，其他委员有胡愈之、范长江、钱俊瑞、柳湜、杜重远、张仲实等新闻出版界名流。委员会决定：派出大批人员分赴全国各地，包括敌后抗日根据地开展业务，力争在中等以上的城市建立生活书店分店。

在战争环境里，条件非常艰苦。两份享有很大声誉和影响的刊物——《世界知识》与邹韬奋的《抗战三日刊》编辑部，就同设在一个很窄小阴暗的套间里。里屋是邹和他的助手胡耐秋的工作室，外屋是金和他的助手钱小柏的工作室，邹的出入必须经过金的桌边。那时候，这两份姊妹刊物（一个侧重国际，一个侧重国内）的办刊方针是他们俩一起商定的。

南京沦陷后，日军疯狂西进，抗战形势日益严峻，但是金仲华与邹韬奋对抗战前途还是抱有信心的。此时，国共两党因为民族危机又一次息兵罢战，握手言和。周恩来等人在汉口与蒋介石会谈，抗日民族统一战线就此形成。而且，蒋介石为表明抗战决心，以“抗战不力、失地误国”的罪名在武汉处决了的国民党第三集团军总司令兼山东省政府主席的韩复渠，同时军法处置了43名将领，其中八人被判死刑。

“孤岛”岁月，担负主编

在国共合作之前，国民党面对民族危亡，倒行逆施。1937年7月7日，卢沟桥事变爆发时，邹韬奋作为“七君子”之一还被关在国民党当局的监狱里。而被公推代理邹韬奋担任其主编的《生活星期刊》负责人的金仲华，一直在积极参加宋庆龄领导的营救“七君子”的运动。1937年7月31日，即卢沟桥事变爆发二十多天后，“七君子”全部获释出狱。在全面抗战的形势下，金仲华与邹韬奋、《世界知识》与生活书店的密切合作，开始进入新的阶段。据金仲华的女儿金立勤在《父亲金仲华的笔和友》中回忆，金仲华与邹韬奋相识是在1935年。当时，邹刚刚结束了在美国长达两年的流亡生涯。从此，两人一见如故，在抗日救亡运动和进步文化的共同事业中披肝沥胆。另据杨学纯在《生活书店的一员健将》中说，1936年11月23日，国民党政府悍然逮捕邹韬奋等“七君子”

事件发生后，勒令邹韬奋主编的《生活星期刊》立即停刊，为此生活书店员工义愤填膺："12月4日出版的《生活星期刊》在显著位置刊登《本刊特别启示》，全文是：本刊编辑部同人决定，在本刊主编邹韬奋先生恢复自由之前，公推金仲华先生代理本刊主编，负责编辑一切责任。"

金仲华是从1937年4月1日起，继胡愈之、张仲实、钱亦石、钱俊瑞之后，责无旁贷地担任起《世界知识》主编职务的。要知道，当年他只有30岁！当然，年纪轻轻的他肯定没有想到，随着战争形势的变化，他竟带着这份杂志从上海转到武汉、广州、香港、桂林，历时四年之久！

抗战爆发，国难当头。金仲华把整个精力都用在了宣传抗日救亡、团结抗战上。在《世界知识》上，他公然介绍了中共领导下的八路军、新四军展开的敌后游击战成果。如在1937年10月，他在杂志上"了望台"栏目中写道："9月中旬是晋西北战局最恶化的时候……幸而在这时，由红军改编的八路军迅速在陕西开往晋北，他们在平型关最初一仗，就把日军打得大败。"进而他分析一个武装劣势的部队为何使敌人大受挫折，并大段引用毛泽东与斯诺的谈话，说统一战线与武装人民的必要性。这无疑是很有见地的思考，但在当时的政治条件下更是需要极大的勇气的。

除了主编《世界知识》外，金仲华还参与了当时好几家报刊的筹办、编辑和撰稿事宜：

与"七君子"的沙千里、章乃器等创办《国民》周刊；

在邹韬奋创办的《抗战三日刊》上撰写《战局一览》，每期一篇，从不间断。有意思的是，金仲华为了得到最新消息，总是在交稿前的最后一天才动笔。这使得邹韬奋经常走到他的办公室催稿，嘴里说着："我已经万事俱备，只欠东风，独缺你这篇三日战局了……"；

金仲华建议当时发行量数一数二的《申报》每天对国内外形势发表专论，并为此付出大量心血。《申报》报馆总经理马荫良先生1986年在《仲华同志对我的帮助》一文中说："由于仲华和韬奋的热情组稿，其余十位撰稿人个个如约交稿，有时由仲华亲自便道带到《申报》交仲持（金仲华之弟）和我。仲华因编《世界知识》特刊较忙，约胡愈之多写几篇，以备缺稿时发表。"

担任上海文化界救亡协会的机关报《救亡日报》的编委，他与巴金、萨空了等文学界和新闻界人士建立友谊就是从那时候开始的；

……

金仲华就是这样废寝忘食的工作！直到1937年11月上海沦陷，由于租界英法当局顶不住压力，进步文化界遭受愈加严重的打击。很多报刊相继停刊。《世界知识》与生活书店旗下的另外几本刊物，如《妇女生活》、《国民周刊》等曾经合在一起，出版战时联合旬刊，但只出版了四期，就无法继续下去。

恰在这时，金仲华的妻子林瑞璇生下了次女金立敏，但为了继续宣传抗战，11月27日，他只好带着作为工作助手的妹妹金端苓乘法国邮轮“阿拉密斯”号离沪赴港，而将母亲妻儿暂时留在战火中的上海。这是他们战时流亡的开始，直到抗战胜利才回到上海。

与金仲华一起同船的还有邹韬奋、何香凝、廖梦醒、郭沫若等人。鉴于当时的政治、经济、文化中心已经转移至武汉，金仲华和邹韬奋他们到港后又商议决定，与先前到达的钱俊瑞、张仲实、沈兹九（胡愈之夫人，著名报人）等人12月2日乘船从香港到广州，再绕道广西，于12月16日抵达武汉。

即便流亡劳累，路途艰险，他们也没有忘记作为报人宣传抗战的责任。走一路，演讲一路，进行了一场又一场的“播种”。与此同时，《世界知识》还有一部分尚未离开上海的编辑和作者，他们则在胡愈之的安排设计下，又出版了一本名为《集纳》的周刊，由胡仲持主编，同样向读者介绍国际形势。但它只出了九期，也被租界当局查禁了。而胡愈之就是以这些原《世界知识》的人员为主，组织翻译了斯诺的《西行漫记》和出版了《鲁迅全集》。

广州：《世界知识》只出了三期

在生活书店汉口分店里，就在楼上被分隔出来的一间小房子里，金仲华、邹韬奋分别主编《世界知识》和《抗战三日刊》。然而，战事如云，恶化的局势并不给他们更多的时间。在武汉，《世界知识》一共出版了12期。

1938年6月，长江马当封锁线被日寇突破，武汉局势马上紧张起来。敌机疯狂地向武汉三镇倾泻炸弹，政府机关忙于撤退，工厂商店纷纷停业，难民如潮水般的涌来涌去，一切变得不可预测和无法控制。但金仲华和邹韬奋仍然坚持着，直到根本没有出版条件时，一行人才在7月5日被迫转移。邹韬奋率书店总管理处远赴陪都重庆。考虑到《世界知识》需要经常搜集外报外刊的资料，金仲华决定不去重庆，而是南下广州，继续出版《世界知识》。1938年进入《世界知识》杂志做编辑的钱小柏先生在杂志创刊50周年的时候回顾到："我和金仲华兄妹于七月五日由汉口出发，因一路上避开日机轰炸，白天火车不开，晚上有时也停，三四天才到达广州。"战时广州的条件更差，在生活书店广州分店，办公地局促得连一间空房子也腾不出来，金仲华只好在生活书店会客室（兼会议室）的一个角落里工作。但即便至此，金仲华还是很乐观自信地说："只要有一张桌子，我就能把《世界知识》按期编出来。"

但《世界知识》只出了三期，广东却也待不住了——正当武汉外围激战的时候，华南日军突然进犯广东……内地无处可去，剩下的只有英国殖民统治下的香港了。1938年8月，金仲华一行转移到了香港。10月，广州、武汉相继失陷。

香港：接手《星岛日报》，《世界知识》“合法”出版

在内地战火纷飞的年代，许多文化界人士纷纷来到香港。一个曾经是“文化沙漠”的香港，就是这样上演了前所未有的文化繁荣，从而成为继北平、上海以后的中国文化中心地。

到了香港后，金仲华暂住在生活书店香港分店的楼上。但是，在香港出版杂志，必须有港英当局的许可证。《世界知识》按照规定去申请，只因找不到有权势者出面疏通，领不到证。怎么办？但金仲华依然决定，“先出再说！大不了封门坐牢”。所以，当时的《世界知识》版权页上仍旧印着在武汉、广州出版的字样，但在“编辑室”栏目中注明几行字：“读者、作者如有信件、稿件或订阅，请与就近的生活书店各地分店洽转。”多年之后，金仲华提起此事，笑道：“我在香港编过一段时间的地下刊物。”

正在无路可走之际，在香港创办《星岛日报》的华侨巨富、“万金油大王”胡文虎、胡好父子急需有能力打开局面的办报人才。于是，经宋庆龄介绍、廖承志推荐，金仲华做了《星岛日报》的总编辑。金仲华就势通过胡氏父子的关系打通“关节”，办到了《世界知识》的出版许可证，并得到允诺，由《星岛日报》印刷厂承印《世界知识》。这样，《世界知识》就成为香港“合法”的出版物了。金仲华就这样一手抓《星岛日报》，一手抓《世界知识》。是年，他31岁。

金仲华接手《星岛日报》后，花大力气进行了整顿。他请挚友郑森禹、刘思慕、乔冠华、张铁生协助主持《世界知识》的工作，自己有段时间则全身心投入到《星岛日报》上。他邀请抗日立场坚定、学识丰富的邵宗汉担任副总编辑、国内外著名的军事评论家羊枣（杨潮）任专栏编辑、名作家戴望舒任副刊编辑。经过整顿，报纸面貌为之一新，发行量与日俱增。

在香港的几年，是《世界知识》难得稳定的日子。因在《星岛日报》任职，经济条件宽裕起来，金仲华在湾仔峡道15号五楼买下一套房子，母亲、妹妹和长女都住在这里，有时妻子林瑞璇会带着儿子金立诚和次女金立敏从上海来香港探亲。金仲华的女儿金立勤回忆道：

> 我记得许多伯伯叔叔傍晚来家中，有个子高高的乔木（乔冠华），有亲切和蔼的邹韬奋，还有张明养、邵宗汉、羊枣、张铁生、郑森禹、胡仲持、张仲实、刘思慕等。他们先是交换对时局的看法，气氛很热烈，接着是选题分工，会议结束即开晚餐。我的祖母是烧菜的能手，能摆出一桌可口的家乡菜肴，父亲的朋友们对此赞不绝口。

1938年的中国战场处在战略防御阶段，处境艰难。而且，1938年12月，汪精卫潜离重庆，在越南河内发表“艳电”，当了汉奸。金仲华于是将《世界知识》和整顿后的《星岛日报》作为宣传抗日、怒斥汉奸的重要舞台。据老世知人杨学纯在《〈世界知识〉的传统和道路》文章中说，当汪精卫经过海防、香港去上海投敌时，《世界知识》上就刊登了一幅照片，题为“汉奸的道理”，画面上是在香港去上海的海路，有一只小狗在划水，它翘起的尾巴尖上还有几个圆弧，表示在拼命划动。原来，这张照片是从上海的一家啤酒厂的广告中选出来的，可能是吹嘘这种啤酒在我国沿海地带畅销的意思。而经过金仲华略加改动并写上标题，读者就会心地笑了：汪精卫不过是一条走狗。1940年7月，汪精卫以所谓“国民政府代理主席兼行政院长”的身份，发部《对上海八十三名首恶通缉令》，金仲华也名列其中。对此，金仲华一笑了之。

上面的例子，说明金仲华非常注意新闻图片的创新使用。其实，善用漫画和地图，也是金仲华的一大创造，并培养了沈振黄、金端苓和朱育莲三位知名的国际形势地图绘制专家，这在本书的《金仲华与三个地图绘制专家》一文中有较为详细的叙述，在此不赘。至于漫画，1938年进入《世界知识》杂志做编辑的钱小柏先生在杂志创刊50周年的时候也写到了几则有意思的故事。兹举一例：1938年9月，希特勒、墨索里尼、张伯伦（英国首相）、达拉第（法国总理）召开分割捷克苏台德地区的慕尼黑会议，金仲华于是从一本叫做《VU》的法国画报中选择上述四人各种姿态的照片，经过美术编辑放大和缩小，将拼成他们围坐在一桌打扑克赌博的模样。为了让人一看就是慕尼黑会议的赌局，金仲华让钱小柏在赌注上写上“捷克”两个字。

这一时期，世界大战一触即发，但欧洲法西斯不断释放出烟雾弹。对此，金仲华有清醒的认识，这在他的国际评论中可以看出来，“一针见血”是他文字的特点。慕尼黑会议之后，英、法、德、意四国签订《慕尼黑协定》。希特勒说，德国将与英法“百年偕好”，英法也认为这个协定“换来了整个欧洲的和平”。金仲华对前者嗤之以鼻，对后者则叽之为痴人说梦。杨学纯在纪念金仲华的《精确的分析和预测》的一文中说，金仲华1939年2月1日在《世界知识》上以“答客问”的方式，断言：1939年的主要危机，是去年9月底的慕尼黑协定所埋下的。慕尼黑协定给德国打开了一条“东进”侵略的道路，给它获得了控制东南欧的基础。纳粹的“东侵”将构成今年的主要危机。世界大战爆发最可能的地方，还是东南欧。

历史证明了金仲华的判断。法西斯德国1939年9月1日闪电进攻波兰，欧战爆发！

1939年3月，国民党秘密制定《限制异党活动办法》，山西与陕甘宁边区多次发生国民党军队向八路军寻衅事件。这让金仲华非常不安。他在《星岛日报》发表《几种危险征象》的社论：“最近国内党派间的团结，特别使人焦虑。虽然大家都知道必须加紧团结，才能打破日本、汉奸政治进攻的阴谋。”

1940年，金仲华见到了从桂林撤退来的胡愈之。两位老“战友”相见，所谈的话题很多，但不外乎就是商量怎样利用那些聚集到香港的文化界名流做一些有利于中共和抗战的大事情！在中共驻港负责人廖承志和潘汉年的支持下，他们组建了一个《世界知识》为中心的国际政治经济研究会，主要是加强国际政治经济的研究，做好对国内外形势的报道和评论，搜集对我党有效的信息。他们积极活动，直到太平洋战争爆发撤退为止。

1941年1月，亲痛仇快的“皖南事变”发生了！金仲华非常气愤，他不顾国民党当局的禁令，将周恩来在《新华日报》上发表的“千古奇冤，江南一叶。同室操戈，相煎何急”的题词在《星岛日报》上刊登。当天的报纸被抢购一空。这一下使“皖南事变”的真相大白于天下！接着，他又连续刊登揭露国民党顽固派消极抗战、积极反共，种种图谋的文章。这就致使国民党驻香港的海外部对金仲华恨之入骨，对他的压力随之接踵而至。国民党海外部长找到胡氏父子，威慑地说：“好好看看这张报纸吧，再让金仲华当总编辑，《星岛日报》就成了中共的报纸了！”刚开始，胡氏父子不以为然，但最后在“最高当局面谕”的压力下，只好要求金仲华转变态度，但遭到拒绝。其后，胡氏父子接受国民党派来的中央宣传部部长程沧波担任总编辑，把金仲华排挤了出去。

金仲华辞职是在1941年5月31日。他被迫辞职一事让印刷排字房的工人很是气愤和惋惜。就在当晚，他们就悄悄把版头注册人署名栏内“督印人胡好”改排成“督印人周佛海”（周是汪伪政权的宣传部长），等到6月1日见报后，胡好顿足大怒，但报纸已经发出，无可挽回了……

桂林停刊，妻子分手

1941年12月7日，风云骤变。日本偷袭珍珠港，太平洋战争爆发。25日，日军进占香港，所有的进步报刊全部无法生存，抗日的文化人更是成为日军搜捕的目标，不得不暂时隐蔽起来。《世界知识》杂志的所有资料、图版也全部损失。在中共精心安排下，1942年1月8日晚，金仲华与邹韬奋、范长江、钱俊瑞、夏衍、金山、蔡楚生、司徒慧敏等一批文化界名人乘坐一艘渔船在夜色中离开了香港，被秘密营救到广东东江纵队的游击区。钱俊瑞等人辗转到了苏北新四军根据地，陈毅见到他就说："《世界知识》是我们了解国际形势的主要来源，我们常派人采购。"

次年2月，金仲华去了文化界聚集的后方——桂林。这时，妹妹金端苓带着侄子金立诚和侄女金立勤从香港到达这里，妻子林瑞璇和刚五岁的小女金立敏也被只身赶回上海的老母亲接来，一家老小总算团聚了。心情激动的他原拟在那里继续出版《世界知识》，但遭到国民政府的禁止而未能如愿。这是《世界知识》历史上的第一次被迫停刊。

杂志停刊后，金仲华有种严重的失落感，但并不消沉气馁。为了继续宣传救国主张，呼吁民众共同抗日，金仲华经常和柳亚子等聚集在桂林的文化人一起在桂林市中心的独秀峰下举行演讲会。而且他还给《中学生》、《中国建设》等杂志写了大量的稿件。金仲华评述国际问题的文字很精准，而且文风引人入胜，很具文学家的气质。他在1942年5月的《泄了气的“春季攻势”》的开篇这样写道：

> 从4月到5月，全世界在屏息等待着的，是今年轴心国家的春季攻势。4月，把最后的春光带走了，而欧洲战场上的春季攻势还是渺无消息。5月，全世界进入了初夏的季候，东欧战地上已经冰融，然而这里仍然没有大规模攻势的痕迹，有的却是，数万纳粹兵士冻僵了的尸身横陈在战地上一片凄惨的景象。

1943年上半年，金仲华由中共地下党员狄超白介绍，参加了中国民主革命同盟（简称“小民革”，是中共领导的一个统战组织，完成使命后于建国前的1949年9月20日自行解散。因此，金仲华一生都是无党派人士）。这段时间，他为《广西日报》写专栏文章，并一度参加编辑工作。他指导其妹金端苓为《广西日报》绘制世界形势地图。后来选出了40幅，集结成《第二次世界大战参考地图册》出版……1944年11月，华南日军逼近桂林，一时造成了数百万人的大撤退。金仲华一家分三路撤离。当时，妹妹金端苓在桂林的美国新闻处工作，她就先带着母亲和侄女金立勤乘美国新闻处包的火车去重庆；妻子林瑞璇则带着次女金立敏到贵阳投奔她的二哥处；金仲华自己带着13岁的儿子金立诚退往柳州，然后到贵阳，最终辗转到达重庆。

这次桂林撤退，金仲华还经历了身心的巨大伤痛，他和妻子林瑞璇长达14年的婚姻走到了尽头，双方“和平分手”了。两人在商务印书馆相识、相恋走到一起，但是金仲华长期专注于事业和写作，参加各种社会活动，没有时间精力照顾家庭和妻子，而林瑞璇出身大家，是林则徐的第五代玄孙女，修养高，自尊心很强，但无力持家，渐渐地两人产生了疏离。林瑞璇抗战结束后，也回到了上海。因为子女的联系纽带，二人彼此也知晓对方情况。金仲华终未再婚，林瑞璇也未再嫁，直到老去。当听说金仲华去世的噩耗后，林瑞璇十分悲痛。在金仲华十年前给她的最后一封信的信封上，她一字一顿地写下“最后遗墨阅之凄恻”八个字。

宋庆龄的得力助手

在重庆，金仲华一直工作到抗战结束。1943年，他受聘担任美国新闻处译报部主任。美国新闻处是1943年美国政府在重庆设立的一个新闻机构。译报部的任务是将中文报刊中实际的新闻报道译成英文，提供给美国决策机构和关心中国局势发展的外国人参考。当时，国共两党都想打入其中。金仲华依靠中共线人的帮助以及一口流利的英语、渊博的国际问题知识，博得了美国新闻处上层的好感。于是，金仲华就从《新华日报》、《论统一战线》等进步报刊上选择那些有利于团结抗战，揭露国民党腐败、反共，报道八路军新四军战绩的文章，迅速翻译成英文，编印成《每日新闻译报》、《重庆各报每天社论摘要汇编》等内部刊物，寄送有关方面，大大起到了宣传中国实际情况的作用。

1945年4月23日，中共“七大”在延安召开。他突破国民党当局的新闻封锁，将中共“七大”上毛泽东《论联合政府》、周恩来《论统一战线》、朱德《论解放区战场》等重要文件，通过美国新闻处电台向世界广播。上海市政协文史资料委员会编写的《铁

宋庆龄送给金仲华的画像。

笔丹心：金仲华画传》中有一段这样的材料说：

> 金仲华……与王炳南、乔冠华保持密切联系，经常将他了解的消息通报乔冠华。乔冠华在“文革”期间曾为金仲华写过一份证明材料：“金仲华在重庆美国新闻处期间，（我）和他保持经常往来，……（他）是进步的……”后来，乔冠华又在他的口述自传中专门讲到了当年中共如何把一些中共党员和进步人士安插到美国新闻处去，利用这个工作关系开展工作。其中特别提到了金仲华。

这一时期，金仲华还特别投入宋庆龄领导的“保卫中国同盟”（简称“保盟”）工作中去，成为宋庆龄忠实的战友、助手和最信任的人。

金仲华很早就钦佩宋庆龄这位伟大的女性，1936年在上海曾参加宋庆龄主持的“救国会”的工作。1938年抵港后，开始参与宋庆龄的正义事业，而且在此后几十年里，他始终不渝。1938年6月中旬，宋庆龄在香港发起成立了“保卫中国同盟”，并担任主席。金仲华凭借自己从事新闻工作的社会地位和精通外语的有利条件，与报界同行及中外名流广泛交往，并通过他们扩大“保盟”在国际上的影响。“保盟”与英、美、法、加、澳等国援华团体建立了联系，并获得了大量援助。“保盟”把得到的海外援款和医疗物品、救济物资按照抗战的需要源源不断地运送给八路军、新四军、抗日游击队和其他爱国抗日组织。此事极为复杂，也很琐碎，特别是在敌伪严加封锁交通的情况下，其难度之大是难以想象的。在宋庆龄领导下，“保盟”多次出色地完成了把物资运往目的地的任务。在这项工作中，金仲华作出了巨大的贡献。金仲华认真负责的精神和无私品德得到宋庆龄的赞赏。1941年3月，宋庆龄出版《“保盟”通讯》中文版，请邹韬奋、金仲华负责，宋庆龄的许多文章都是由金仲华完成中译稿的。

1945年八九月间，国共双方开展重庆谈判。宋庆龄就在金仲华的陪同下亲自到八路军驻重庆办事处拜会了毛泽东。9月6日，宋庆龄在寓所宴请毛泽东、周恩来、王若飞等，也由金仲华作陪。1949年1月19日，毛泽东、周恩来致电宋庆龄，邀请她来京参加全国政协。中共中央同时发电报指示香港工委，要求将毛、周的电报“派孙夫人最信任而最可靠的人如金仲华送去”。金仲华去世后，宋庆龄无比悲痛地写下了悼念文章《怀念金仲华》。

胡愈之：传奇的南洋岁月

受周恩来的直接指派

在金仲华带领《世界知识》一路在流浪中继续出刊的同时，胡愈之坚持留在上海工作，直到1938年4月才离开。他是在周恩来的安排之下辗转武汉、长沙和桂林，进行抗战宣传和统战工作的。在上海，胡愈之还认识了影响他一生的周恩来。而周恩来后来也与《世界知识》结下了不解之缘。

在桂林，周恩来将胡愈之介绍给白崇禧，要胡做白崇禧的秘书，但遭到蒋介石的激烈反对。胡愈之便到白崇禧挂名的广西建设委员会任职。很快，他与广西上层人物建立了关系，并兴办文化供应社，成为桂林团结进步人士、开展抗日活动的大本营。但1939年底至1940年初，蒋介石实行限共、防共、融共政策，并将大量中央军开进广西，迫令白崇禧一起反共。不久，在获知胡愈之上了国民党特务的黑名单之后，桂林八路军办事处主任李克农将胡愈之撤出桂林，向香港转移。在香港，等待他的是一个全新的战场，并且一去就是八年。

全新的战场在哪里？在南洋。

当时，胡愈之还有点犹豫，毕竟万里之遥，人地生疏。当被告知这是周恩来亲自“点将”时，胡愈之马上认识到这样安排的意义和价值。

“南洋”是明、清时期对东南亚一带的泛称，实际上它是一个带有“中国中心论”的概念，但习惯说法，沿用至今，包括今天的马来西亚、印度尼西亚、新加坡、泰国、菲律宾、越南及香港等广大区域。这里，是海外侨胞的主要聚居地。想当初，这些中国子民因不堪忍受封建压迫而背井离乡，逃到南洋谋生。在人地两疏的情况下，他们当初多以出卖劳力、当小贩为生。尽管他们孤悬海外，受尽了屈辱，但可敬的是，他们一旦发展起来后，还是时刻关注着祖国内地的命运，积极支持国内人民反帝反封建的斗争。“华侨是革命之母”，孙中山先生的这句话，实际上说出了辛亥革命时期南洋的华侨对祖国内地的伟大贡献。

蒙混过关出南洋

抗战时期，南洋也是支援中国内地抗战的重要阵地。当地华侨在侨领陈嘉庚的号召下，或是直接回到抗战中的祖国，或是踊跃参与到物资捐献中来。但当时华侨对国共两党的斗争和分歧认识不清，为了使南洋华侨认清国民党的真面目，最大限度地支援抗战，中共中央指示要加强对南洋华侨的宣传工作，扩展抗日民族统一战线的影响范围。正巧，当时华侨领袖陈嘉庚在新加坡的《南洋商报》正物色办报人才，于是，周恩来推荐了正在香港的胡愈之。这个消息是通过中共南方工作委员会驻港负责人廖承志来传达的。

要知道，胡愈之的南洋之行困难重重。新加坡是南洋华侨的指挥中心，也是所谓英国的殖民地，而英法当时对日本采取绥靖政策，并在日本人的强烈要求下，1940年关闭了中国获得国际援助的西南大通道——滇缅公路。滇缅公路是1937年8月由云南省主席龙云向蒋介石提出修建的，被誉为"抗战输血管"，它从物资上给中国抗战以巨大的支持。滇缅公路的关闭，使中国与世界的联系大为困难，而且他们严格控制内地与南洋的人员往来。胡愈之就是在这种背景下被派出南洋的。鉴于胡是国民党黑名单上的人物，在周恩来要保证胡愈之"绝对安全"的指示下，经多方筹划，胡愈之决定蒙混过关。

当时中国大陆到南洋的轮船分三等。一、二等船舱的旅客须要随带护照、交纳大陆有关方面开出的证明，到达目的地后还要到指定的地点接受严格的审查。为保证胡的安全，廖承志决定让胡愈之坐三等舱走。随后廖承志立即发电报给周恩来告诉胡的一切行程事宜，得到周的批准后，廖承志和胡愈之开始安排上路的一切准备。胡愈之使用的是“胡学愚”的名字（他的原名），廖承志找人托关系疏通了胡所乘船的船医，偷偷地塞给他一百大洋。得了好处的这位船医于是胡乱地给胡愈之开具了身体健康证明，免去了繁琐的例行检查，就是这样，胡愈之安全抵达了新加坡。

1940年12月2日，《南洋商报》头条刊出了胡愈之等人的聘任消息，并刊出巨幅照片。这让英殖民当局大为吃惊。胡愈之，这个黑名单上的危险人物是从哪里冒出来的？新加坡的华民政务司立即传讯胡愈之，胡愈之则坦然递上印有“胡学愚号愈之”的名片，说：“因报社催我到职，所以来不及办护照，就坐三等船来了，但我体检合格，是合法入境。胡愈之是我的别号，中国人的习惯在正式场合用名不用号的。”检查没有漏洞，而胡愈之的解释又合情合理，让英殖民当局无可奈何。

按照周恩来的指示，胡愈之在南洋以无党派的身份主编《南洋商报》。履新伊始，胡愈之便对症下药，决定改变该报的办报方针，增加抗战宣传方面的内容，加强报纸的评论工作。胡愈之除每期写专论外，还亲撰“星期专论”。1941年1月，国内发生了震惊中外的皖南事变。胡愈之大胆刊登《西行漫记》的作者斯诺“关于皖南事变访问记”和美国记者斯特朗的谈话，接着又亲自写出“团结则存，分裂必亡”的社论，充分揭露国民党顽固派发动反共内战的可耻阴谋。在日本与德国、意大利形成三国同盟并大举向南侵略、南洋局势岌岌可危之际，胡愈之又在《南洋商报》上公开提出了“援助中国抗战，加强英美合作，厉行对日禁运，实行远东民主”四个法宝。这些分析振聋发聩、轰动一时。《南洋商报》也随之销路大增。只可惜英国殖民当局目光短浅，很快太平洋战争爆发，整个南洋沦于日本人之手。

与陈嘉庚“相见恨晚”

1941年是胡愈之在南洋开展工作最为活跃的时期。胡愈之见到了南洋著名的华侨领袖陈嘉庚先生。

陈嘉庚的侨领地位是在抗日斗争中确立的。1928年他担任“山东惨祸筹赈会”会长，第一次把华侨抗日力量团结起来。七七事变后，他又被推举为“南洋华侨筹赈祖国难民总会”（简称“南侨总会”）的主席。陈嘉庚富有强烈的爱国心，但当初对国、共两党缺乏清醒认识。他曾把民族的命运寄希望于国民党政府。1940年3月，他率“南洋华侨回国慰劳视察团”到了陪都重庆，见到了蒋介石，亲眼看到了国民党统治集团消极抗日、积极反共的丑恶行径，“国共摩擦似有剑拔弩张之势”，遂不顾国民党当局的阻拦，毅然决然地访问延安。在那里，他同毛、朱等中共领导人进行了接触，顿感“喜慰无可言喻”。他在《南侨回忆录》中写道：“见其勤劳诚朴，忠勇奉公，务以利民福国为前提，并实行民主化，在收复区诸乡村推广实施，与民众辛苦协作，同仇敌忾，奠胜利维新之基础。”他如“拨云雾而见青天”般地醒悟过来，坚决转向了对中共的支持，并断言“中国的希望在延安”。

尽管胡愈之此前与陈嘉庚并未谋面，但二人还是一见如故、相见恨晚。与胡愈之的交往，使陈嘉庚的思想“赤化”，更加坚定地站到了中共的一边，这自然引起国民党的忌恨。蒋介石派海外部部长吴铁城到新加坡拉拢陈嘉庚。面对国民党的笼络，陈嘉庚一笑了之。在胡愈之的提议下，陈嘉庚决定要出版《南侨日报》，面向侨界招股。当时他的大部分产业在战火中被毁，只有一间小橡胶厂还在惨淡经营，但他依然认股5万元。其实许多华侨对办刊并不看好，但受陈嘉庚的感染，也跟着认股，这份报纸才终于办了起来。陈嘉庚是《南侨日报》董事长，胡愈之任社长。此报在南洋影响极大，毛泽东、周恩来曾为该报题词。因为陈嘉庚的杰出贡献，毛泽东主席誉其为“华侨旗帜，民族光辉”。

在南洋的这一年，胡愈之也找到了自己“久违”的爱情——他与有“进步文化界少有的女秀才”称谓的沈兹九结成连理，找到了自己“久违”的爱情。其实，胡愈之在武汉时期曾与一个名为胡兰畦的女子有段感情波折。不料两人结婚之际，新娘来自新四军的男友突然出现了……这对胡愈之打击之大，可以想见。据沈兹九回忆，她来新加坡之前，受周恩来指派的廖承志曾对她说：“你去新加坡，主要是帮助胡愈之开展工作。”可见，胡沈的婚姻也是周恩来促成的“天作之合”。

当时，胡45岁，沈43岁。

与郁达夫一起“逃亡印尼”

郁达夫是“五四”时期浪漫抒情小说的巨匠、散文家和诗人。他是1938年底受《星洲日报》社长胡昌耀之邀来新加坡宣传抗日的，但不想最后被日本人杀害，从此踏上了人生的不归路，成为最后一个被日军杀害的中国文人。

郁达夫在中国抗战正激烈的时期出走南洋，引起了人们的许多猜测。有人认为郁达夫的确是为了抗日需要，到南洋去做海外宣传；有人认为郁达夫出走南洋是为了挽救他即将破裂的婚姻；也有人认为郁达夫是因为当时国民党某要员的迫害，无奈出走；甚至说与其人颓废多情的个性有关系，等等，不一而足。

的确，郁达夫在来南洋之前的几年里，是他最为沮丧的时期，婚姻失败，最后深陷杭州美女王映霞的情网之中不能自拔。但当他与王映霞过了几年“神仙”日子之后，却忍受不了家庭生活的单调和琐碎，离家出走。郁达夫其人，一生有很多问号，但是我在这里要强调的是，郁达夫在南洋遇到了在这里做统战工作的胡愈之先生，并在其影响下真正变成了一位名副其实的抗日宣传工作者和坚定的爱国主义者。在新加坡期间，郁达夫主编的刊物几乎成了宣传抗战的阵地。1941年12月太平洋战争爆发的时候，胡愈之以自己卓越的组织能力，在很短时间内组织了以郁达夫任团长、自己为副团长的“星洲华侨文化界抗敌工作团”和以陈嘉庚为主席的“新加坡华侨抗敌动员总会”。

正当胡愈之和郁达夫并肩作战的时候，1942年1月底，日军逼近新加坡。很快，此前自诩新加坡是“坚不可摧要塞”的英国人投降了。新加坡抗敌委员会主席陈嘉庚也被迫逃亡印尼。于是，胡愈之夫妇、郁达夫、王任叔（即著名作家巴人，建国后任我国驻印尼大使）、汪金丁（建国后为中国人民大学教授）一家四口还有其他文化界人士一共28人，搭乘一条摩托舢板小船在日军空袭的爆炸声中仓促渡过马六甲海峡，逃到荷兰殖民地——印尼的苏门答腊岛。

但是，印尼也很快沦陷了。他们决定向苏门答腊岛中西部进发，并隐姓埋名，改换职业隐匿下来。最终，他们在一个叫巴爷公务的地方落脚。这是个在地图上都难以找到的偏僻小镇，但由于一群中国文化人的到来和后来郁达夫失踪遇害，而在日后闻名于世。

汪金丁的女儿汪雅梅是当时逃难人群中年龄最小的一个。她后来在《跟随胡愈之伯伯逃难南洋》一文中写道：

> 逃难的文化人中，胡愈之是主心骨，包括郁达夫在内，大家有事都向他请教商量。他处变不惊，引导大家休养生息，韬光养晦。

为了不暴露身份，胡愈之剃掉胡须，化名张尚福。沈兹九化名张赵氏。郁达夫则成了妻舅，化名赵德清，并蓄起了胡须，当地人都唤他为“赵胡子”。为了维持生计，胡愈之用爱国华侨捐助的500盾决定开办了一个“赵豫记”酒厂，由郁达夫出面做老板，胡愈之自任会计。因为郁达夫去镇上访问一位侨领时被日本宪兵发现会讲日语而被迫充任日本宪兵部的翻译，为此，胡愈之就以郁达夫的这点“优势”办下了营业执照。办厂，既能帮助一部分文化人解决生活困难，又能增加“日军翻译”郁达夫身上的保护色。后来他们还办了个肥皂厂。1943年二三月间，郁达夫装作害肺病，买通日本医生开了证明，才从宪兵处获准辞职。

酒厂销路不错。据汪金丁回忆，胡愈之每天上午都去酒厂，经常穿着一件短袖线衬衣和一条长裤、拖鞋，完全一副商人模样。而且，他极少到公开的场合露面。他曾穿着一件整洁的西装到印尼人的书店里买书（因为他一直在学印尼语），结果没等到他从书店里出来，却看到不少商店门上挂起了太阳旗，原来印尼人把他视为日本人中的大人物了。

由于郁达夫以“富商”身份出现，长期独身将引起日本人的怀疑，于是在友人介绍下，与一位从中国广东台山来的20岁的华侨姑娘陈莲有（后改名何丽有）结婚了。但1945年2月，郁达夫的身份被告密。日本人知道他是中国著名作家，被怀疑为联军间谍，于是郁达夫建议胡愈之等赶快离开。胡愈之建议分头疏散。胡愈之夫妇去了棉兰山区，张楚琨等则到了巨港。正是在此期间，国内有了胡愈之病逝的误传。直到抗战结束，才真相大白。但友人们发表的悼词却成为对胡愈之前半生的真诚评价。

胡愈之是在一位来棉兰的华侨商人口中得知“赵胡子失踪了”的消息。胡愈之惊呆了，一种不祥之兆袭来。他在与夫人沈兹九合著的《流亡在赤道线上》一书中写道：

> 我从直觉判断，郁达夫一定是被日本宪兵杀害了。……日本人逮捕他的目的，只有一个动机，就是为了要消灭日宪兵残暴罪恶的见证。郁达夫是文学家，又在宪兵部眼见了日宪兵的种种暴行，将来战事犯法庭中，达夫是一个最好的证人。为了卸脱宪兵的罪行，所以非消灭这个证人不可。因此我从直觉相信达夫完了，完了！

在妥善安置郁达夫家属后，胡愈之要求联军机构查究郁达夫的下落，并迅速写出《郁达夫的流亡和失踪》的长文，凭吊郁达夫并指出日军杀人灭口的嫌疑。一年后，联军证实，郁达夫已于1945年9月17日被日本宪兵枪杀。他又托出任首任驻印尼大使的巴人对郁达夫之死进行调查，但未能如愿。所幸在胡愈之逝世前的1985年，经日本学者铃木正夫的调查，郁达夫被日本宪兵杀害的真相才大白于天下。

经过是这样的：郁达夫是8月29日傍晚被一个当地青年叫走而失踪的。当时正是晚八时左右，郁达夫吃完了晚饭，正在家中和三位华侨闲谈，忽然来了一个讲印尼语的当地青年，说有事请郁达夫出来商谈一下。郁达夫随这个青年出去了几分钟，又回来对客人们说：“我出去一下就回来，你们请坐一下。”说完就出去了，当时他身上还穿着睡衣和拖鞋。但此后郁达夫却再也没有回来，从此神秘地“失踪”了。

郁达夫遇害时年仅49岁。1952年经中央人民政府批准，追认其为革命烈士。胡愈之评价道：在中国文学史上，将永远铭刻着郁达夫的名字，在中国人民法西斯战争的纪念碑上，也将永远铭刻着郁达夫烈士的名字。

1945年9月23日，胡愈之一行离开印尼，回到新加坡。他本想返回国内，但鉴于国内局势紧张，胡愈之又在党的指示下坚守南洋，从事出版和统战工作，直到1948年才回到香港。

邹韬奋：《世界知识》的亲密战友

谈到早期的《世界知识》，就不能不说到邹韬奋。

许多人都知道邹韬奋，但许多人不知道的是，在邹韬奋由一个热血青年而“靠近了党”、在思想上发生质的转变的过程中，他的身后始终站着胡愈之。对邹韬奋影响最大和最直接的共产党人就是胡愈之。两人是在九一八事变后的1931年10月相识的。据汪家明在《胡愈之先生与三联书店》一文介绍，邹韬奋是在读了胡愈之的《莫斯科印象记》和《尚欲维持中日邦交乎》之后托人找到胡愈之的。当时，邹韬奋刚刚接手《生活》周刊社，起步艰难。在胡愈之的策划和组织下，《生活》周刊因为鲜明的政治立场和进步的生活观念，发行量猛增，达到15万份之多，成为当时中国销量最多的刊物，引起了国民党的关注，要求《生活》周刊社的注册人黄炎培改变立场。在这种情况下，胡愈之建议邹韬奋脱离中华教育社，另立生活书店，邹韬奋同意了。

1932年7月，生活书店成立，这便是三联书店的前身。这一年，邹37岁，胡36岁。

据汪家明介绍，生活书店成立后，胡愈之还帮助邹韬奋建章立制，制定经营方略，一是表面上将周刊和书店分开，以免周刊因不当立场而被当局禁止进而影响书店；二是以书店为核心出版多种刊物，书刊互动，快速发展；三是出版发行并举，不但发行本版书，而且经营代售各种书刊报纸。新知书店和读书生活出版社成立之初都是由生活书店代理发行业务，三家书店目标基本一致，这为以后合并埋下了伏笔。可见，胡愈之是邹韬奋经营和拓展出版业务重要的引路人、设计者和创办人！

正因为如此，胡愈之创办《世界知识》时，邹韬奋也给他以巨大的支持，并成为撰稿人之一，《世界知识》由生活书店出版发行，编辑部也设在位于上海福州路复兴里的生活书店内。邹韬奋流亡海外、游历欧洲之后所写的最著名的《萍踪忆语》等，都是先在《世界知识》上连载、然后集结成书的。“七君子”大狱事件之际，以宋庆龄、胡愈之为首的上海救国会展开积极营救，直到抗战爆发，“七君子”才被释放。

“八一三”淞沪抗战后，聚集上海的出版人纷纷围绕抗战的主题开展工作。胡愈之与出狱不久的邹韬奋创办了《抗战三日刊》，这是当年政治性与战斗性极强的刊物之一，影响无与匹敌。

上海沦陷后，汇聚上海的文化人纷纷迁徙。其中一部分进入了相对“独立”的“孤岛”——租界，一部分去了内地后方，一部分则迁徙到香港。

邹韬奋将生活书店领导机关迁往武汉。与邹韬奋同行的还有金仲华、张仲实、钱俊瑞以及郭沫若、何香凝等一大批著名人士。他们乔装打扮，从法租界码头登上一艘法国轮船驶往香港，到香港后，他们又从广州绕道广西、湖南到了武汉。沿途每到一处，都有无数的爱国青年邀请他们讲演。他们语语至诚、字字辛酸的讲演，使许多人声泪俱下。

在武汉，邹韬奋在张仲实的帮助下见到了周恩来。不久后，当他以救国会主要领导人的资格被聘为国民参政会参政员时，便与萨空了、杜重远三人向周恩来提出了加入中共的要求。周说：现在你们已经有了身份地位，在党外活动可以自由得多，否则活动不方便。但据钱俊瑞在《光彩夺目的一生》一文中记述，1938年5月，邹韬奋又在武汉正式提出“加入中共”的要求，并请钱作入党介绍人。但中共长江局认为他那时留在党外，对推进统一战线工作、团结抗战更为有利，说服他暂不入党；不过党的组织一定把他当党员看待，决不见外。他那时只向钱俊瑞说了一句：“那只有组织服从！”

就这样，邹韬奋一直以党外人事的身份做统战与出版工作，直到1944年去世后才被追认为中共党员。

很快，武汉也失陷了。金仲华带领《世界知识》到了广州，而邹韬奋、杜重远、张仲实等则到了战时的陪都重庆。在重庆，他们见到了从桂林赶来的胡愈之。这次重庆相聚虽然短暂，邹韬奋还是与胡愈之商量了生活书店在战争进入相持阶段后的经营策略。胡愈之随后被社员大会推举为理事会理事、编审委员会主席。这是胡愈之在生活书店惟一的公开职务。他建议改总编辑负责制为编委会集体负责制，实行民主集中制的管理方法，并决定在后方和海外开设分店，化整为零，扩充业务，保存实力，等等，大大提升了书店的职业化水准。为此，邹韬奋对胡愈之的工作给予很高的评价：

> 我们的胡主席是对本店最有贡献的一位同事。……他总淡泊为怀，不自居功。……他的特长，不仅文章万人传诵，而且对出版营业无所不精。……他是我们事业的同事，患难的挚友。

在重庆期间，邹韬奋与周恩来、董必武、叶剑英等中共领导人有了较多的往来和接触，对中共抗战救国政策有了更深入的了解。于是，他以救国会主要领导人和国民参政员的名义，以“加强全国团结”和“争取民主”为主旨，向参议会提出各种提案，引起了国民党当局的不满，他们先是强迫邹韬奋将他主编的《全民抗战》(《抗战三日刊》的后身）查禁，后迫令其生活书店与官办的中正书局、独立出版社合并，遭到邹韬奋严词拒绝，之后不到一年时间里，生活书店在全国的55个分店被查封44处之多！加上此时“皖南事变”，国民党顽固派掀起反共高潮。邹韬奋对国民政府心灰意冷，遂愤而辞去徒有虚名的“参政员”头衔，秘密离开重庆，转道衡阳、桂林等地，并在中共驻港负责人廖承志的安排下，于1941年3月5日抵达香港。

按照胡愈之在《韬奋的死》一文中的说法，这是邹韬奋一生当中的第二次流亡。第一次流亡是在1933年7月。当时他因为主编的《生活》周刊主张团结抗日而遭当局之忌，在亲友的劝告下他出国游历暂避锋芒，到1935年才回到上海。出国之际，《生活》周刊由胡愈之经营编辑。

抵港后，金仲华接邹韬奋到家里暂住。两人通宵长谈，互诉两年来的思念苦和国内外形势。几天后，金仲华在家中宴请一些文化界朋友与邹相见，并共商创办爱国报刊以保障民主权利、揭发国民党顽固派反共反人民的行径。

邹、金的这个愿望得到中共南方局书记周恩来的赞同，他指示廖承志具体筹办。根据周恩来“不红不白，灰一些”的指示，1941年4月8日，《华商报》问世。邹韬奋、金仲华以及羊枣、范长江和夏衍担任编辑委员。此后，邹又筹备战前在上海出版的《大众生活》复刊。到港两个月，为了这一报一刊，邹韬奋昼夜奔忙。他给在重庆的沈钧儒写信说:每天一定要写若干字数的文字，还要开会，忙得不亦乐乎。到了晚上，放下笔杆，倒头便睡，“真如僵尸一般”。当时，这两本杂志和金仲华主编的《世界知识》一起成为中国新闻人在香港的战斗堡垒。

风云骤变。1941年12月7日，日本偷袭珍珠港，太平洋战争爆发。很快，日军进占香港。在中共精心安排下，邹、金等一批文化界知名爱国人士被营救到东江纵队的游击区。后来，邹辗转赴苏北新四军根据地，金仲华则去了桂林。两位战友互道珍重，但不想竟成永别！1944年7月24日，邹韬奋因癌症去世，不到50岁。在桂林的金仲华闻此噩耗，万分悲痛。他勉励自己："共同走过来的道路，要继续走下去。"胡愈之当时正在印尼流亡。当1945年9月回到新加坡不久闻听此噩耗时，"像是被人迎头痛打一棒，有好久变成木呆"。1946年1月，胡愈之在《韬奋之死》一文中表达他深深的思念。事隔三十多年后，胡愈之在《忆金仲华》文中说："在抗日战争中，从国内到海外，很大一部分时间，他和韬奋是形影不离的，韬奋的热爱人民、真诚为人民服务的工作中，都有仲华的心血在里面。"

当时，在香港流亡的老"世知人"张明养也参与了《华商报》的创办。张明养是随《东方杂志》由上海到长沙，最后再到香港的。

张明养：香港小岛建基地

1934年夏，时任上海商务印书馆《东方杂志》编辑的张明养，新租了法租界吕班路万宜坊的简陋寓所。邹韬奋也住在这里。这里正好成了胡愈之筹办《世界知识》时，约集同仁讨论新杂志方针的地方。家具还未摆设，他们就坐在地板上计议着。张明养因此也成了《世界知识》创办人之一以及25个特约撰稿人之一。

1936年底，上海救国会“七君子”被捕，邹韬奋主编的《大众生活》被封，《生活》周刊、《新生》、《永生》也连续被国民党反动派逼迫停刊。1937年生活书店出版了《国民周刊》这一接力刊物，实际编辑是张明养。他配合当时的抗日救亡运动，实质上刊物延续了韬奋所编刊物的内容和风格。

1938年随商务印书馆《东方杂志》来香港后，张明养便积极投入了党领导下的对外宣传工作。1941年1月下旬，“皖南事变”

爆发。夏衍奉中共南方局急电从桂林赴香港，原来这是周恩来的意见，“主要是为了要在香港建立一个对南洋和西方各国华侨、外国进步人士的宣传据点”（夏衍），让他们知道中国共产党的方针政策，揭露帝国主义玩弄的“东方慕尼黑”阴谋。为此，必须尽快出一份统一战线性质的报纸和一些文化、文艺刊物。这与邹韬奋、金仲华的想法正好一致。2月中旬，廖承志约了邹韬奋、金仲华、范长江、乔冠华、羊枣、张明养、胡仲持和夏衍八个人开会，讨论办报的具体工作。大家同意廖承志提出的《华商报》为报纸的名称。4月8日，《华商报》正式出版。

1937年张明养在香港还参加了党领导下创办的国际新闻社的工作，是主要负责人之一。当时香港国新社主要向国外和华侨报刊供稿。它在党直接领导下，和《新华日报》成了党在国民党统治区域相辅相成的两个主要的革命新闻宣传机关。这样，到1941年6月，在香港这个小岛上建立起一个宣传基地的任务基本完成。

风云骤变。太平洋战争爆发后，日寇炮火已波及香港。《世界知识》与《华商报》、《东方杂志》相继停刊。此刻，他们的生活也一下子陷入困顿之中。据张明养的女儿张之一回忆：

（当时他们全家）经常处于挨饿状态。每日改吃两顿菜粥充饥，靠劈家具做燃料。父亲还拒绝了让他为日本人去办报的说客，宁可饿死，也绝不当汉奸。

幸好，这时留在香港有不少民主人士和进步文化人得到周恩来的特别关照。战争爆发的第二天，周恩来就给在香港的廖承志、潘汉年连去两封急电，让民主人士和文化工作者急速转移。在中共精心安排下，邹韬奋、金仲华和张明养等一批文化界知名人士相继被营救到东江纵队的游击区。

后来，邹韬奋辗转赴苏北新四军根据地，金仲华去了桂林，张明养则经澳门、桂林，辗转来到重庆，到迁至重庆北碚的母校复旦大学任政治系教授。

张仲实：逃离盛世才魔爪去延安

在抗日救亡史上，有一位传奇式的人物杜重远。他在东北以工商实业起家，还兼张学良的秘书。“九一八”事变后他到上海，结识沈钧儒、邹韬奋、胡愈之等，并开始以记者身份宣传抗日救亡。邹韬奋的《生活》周刊被当局强迫停刊后，他挺身而出创办《新生》周刊。1935年5月《新生》周刊遭日方借机挑衅，国民党当局竟屈从日方要求勒令其停刊，杜重远竟被判刑，成为轰动中外的“新生事件”。1936年9月获释后他前往西安，推动了西安事变的发生。

1939年，杜重远被披着进步外衣的新疆督办盛世才邀请去新疆创办新疆学院并任院长。据蔡锦松《盛世才外传》介绍，盛与杜重远是吉林同学、老乡，但生性多疑，“杜重远住处附近，新疆学院附近，都有供监视的杂货店、香烟摊……”他首先找到已从上海到达重庆的张仲实，极力鼓动他去新疆开展文化教育工作，并说生活书店也可以在那里开辟分店，那里距苏联近，进口俄文书籍方便。张仲实去八路军办事处找到博古。博古明确地说："可以去。毛泽民、陈潭秋都在那里，你有事可以去找他们。"

张仲实是继钱亦石之后、在金仲华之前担任《世界知识》主编的。到迪化（今乌鲁木齐）时，盛世才曾亲自到20公里外迎接。后来张仲实任新疆学院政治系主任，并与杜重远一起组织学生进行抗日宣传。他还做了新疆反帝协会《反帝战线》的编委，担任新疆文化协会副会长(茅盾为会长)。不久，赵丹、徐韬等一大批艺术家也来到这里，这里的文化生活出现了勃勃生机。张仲实在新疆一年零三个月，除了从事教学和社会工作外，还写作、翻译了不少作品。1939年，他的译著《斯大林论民族问题》由生活书店出版，毛泽东在《新民主主义论》中曾大段摘引其中的内容。

但好景不长，阴险狡诈的"土皇帝"盛世才便原形毕露，将杜重远软禁起来。

据《盛世才外传》说，1940年2月，周恩来去苏联医治右臂摔伤，途经迪化，盛世才假惺惺地设宴招待，并请茅盾、张仲实作陪。宴会后，周恩来让孟一鸣（即徐梦秋）转告张仲实、茅盾，说他们可以去延安。两人遂以亲人去世为名向盛世才告假奔丧，居然获准。当时，盛世才还满脸堆笑地到机场送行，但他同时又密令在哈密的部下趁飞机在那里停留时扣押张、茅二人。但密令却落在中共派往哈密搞地下工作的共产党员刘西屏的手里，这才使张仲实和茅盾逃过魔爪。

而杜重远最终没能逃脱盛世才的魔爪。1941年盛世才捏造“汉奸”罪名将他逮捕，后又施以三十多种酷刑，逼其承认是“苏联间谍”、“秘密共产党员”，但他始终坚贞不屈。1944年6月，盛世才派人将其残忍杀害并毁尸灭迹。

张仲实、茅盾到达兰州后，通过八路军驻兰州办事处的谢觉哉和伍修权的帮助到达西安。此后又到了延安，见到了毛泽东。张仲实被安排到马列学院任编译部主任。马列学院编译部是中国历史上第一个专门编译马列主义经典著作的机构，张仲实负责校订从英文译出的《列宁选集》二十卷本的译稿。

1941年7月，马列学院改为中央研究院，张仲实任国际问题研究室主任。同年9月，党中央设立了中央政治研究室，任弼时为主任，张仲实调任国际问题研究组组长。

钱亦石："红色教授"也是老"世知人"

2006年5月8日新华社播发的"永远的丰碑"，介绍了"红色教授"钱亦石的事迹。

钱亦石1924年入党，大革命失败后根据党的决定秘密到达日本。同年8月根据中央决定与董必武一起转往苏联。1930年回到上海，开始从事文化活动。1932年起经中共党组织的联系，被上海法政学院和暨南大学聘为教授，还和周扬、阳翰笙、夏衍等领导了上海文化界党的秘密组织工作。

在胡愈之筹办《世界知识》的时候，钱亦石就是主要参加者之一，并且是第三任主编。在担任大学教授和任职《世界知识》期间，他潜心于国际问题研究，用马克思主义的"社会科学解剖刀"，精辟地分析国际形势的发展，揭露了德、意、日法西斯的侵略阴谋，成为党内外、国内外知名的国际问题学者，影响了大批进步青年。董必武称赞他的论著“不仅是国内第一流的论文，即置于国际第一流的论文中，也毫不逊色”，并称他为“红色理论家”和“党内最优秀的教育家”。

抗日战争爆发时，钱亦石正在上海文化界救亡协会主办的《救亡日报》任编委，还经常作时事报告，宣传抗日。淞沪会战后，钱亦石根据周恩来的指示，担任张发奎第八集团军服务队少将队长，率领三十多位作家、艺术家奔赴抗日第一线，动员群众联合抗战。

当时参加这个服务队的著名作家林默涵后来生动地回忆说：

> （当时）我们先在嘉兴集中训练，每天都要上操。我们这些“文化人”感到不大习惯。亦石同志已近老年，身体又有些发胖，可是他却坚持操练，一丝不苟，每个动作都做得十分认真。看到他这个样子，我们也就不敢松懈了。……

不久，钱亦石积劳成疾，得了伤寒，于1938年1月29日在上海不幸病逝，享年49岁。

1938年2月17日，在武汉各界举行隆重的追悼大会上，人民音乐家、后来成为钱亦石女婿的冼星海为挽歌作曲并亲自指挥。冼星海在日记中这样评价他未来的岳父：

不灭的火，永生的石，同垂不朽，亦血亦铁。

会上，还公演了由剧作家石凌鹤连夜创作的话剧《铁蹄下歌女》和《夜歌》。毛泽东、周恩来、朱德在敬献的挽联上书写“哲人其萎”四字表达深切悼念。《新华日报》还发表了追悼专号。

钱亦石去世的时候，邹韬奋正在武汉。得知噩耗后，他写了悼念文章，并在追悼会上，与沈钧儒等发表了激情演说。冼星海在日记中说，当时，“（他们的）情绪相当庄严”。

郑森禹：文章被延安的毛泽东引用

1939年6月10日，毛泽东在延安一次高级干部会议上作了一个长篇报告，6月13日在这个会议结束时又作了一个结论。这两部分内容仅发言提纲就长达两万余字，后被收入人民出版社1993年出版的《毛泽东文集》第二卷，合称《反投降提纲——1939年6月10日毛泽东同志在延安高级干部会议上的报告及结论提纲》。

毛泽东在这次讲话中，开篇就引用了《世界知识》的一篇文章，揭露日本帝国主义的侵略方针：

> 日本对华基本方针是灭亡中国，建立所谓“东亚新秩序”。今年一月二日东京“国民新闻”(军部机关报)的社论说：“眼前现实的课题，已不容尺寸后退，瞬间踌躇。事变入于收拾期，万一国步的统制有疏漏，则不但将丧失战果，且会影响国家的命运。战争的后期是比初

期困难好几倍。历史有过教训：欧洲大战时代，德国和俄国不幸的事例，为政者和国民须得深加洞察”（《世界知识》二月一日出版的九卷一期）。

做一句话来说，就是：“基本的侵略方针非贯彻不可，否则有德俄革命的危险。由此可知，以为日本可以根本上让步，可以不经长期战争而用英美压力恢复卢沟桥以前状态（蒋介石，国民党许多人），只是梦想。……”

毛泽东引用的这篇文章，是以分析日本问题见长的老资格的“世知人”郑森禹的系列文章《敌报悲鸣录》中的第一篇。当时郑森禹和《世界知识》正在香港流亡。

早在《世界知识》创办的时候，郑森禹“就协助胡老（指胡愈之）做开拓性的工作”，在《世界知识》由上海而南迁之际，“又是年轻的郑森禹在香港协助金仲华做复刊活动”（陈原语）。郑森禹是1938年初随国际新闻社到达香港的。他当时任上海救亡协会国际宣传委员会委员和国际新闻社编辑。

在香港工作期间，郑森禹入了党，并以“麦逸”为笔名在《世界知识》上相继发表系列文章《敌报悲鸣录》。该系列文章的本意就是“从日本报纸上摭拾几条‘马脚’”，以揭露其外强中干的本质。

《敌报悲鸣录》系列文章是郑森禹1939年众多国际时评与随笔中的一部分。后因港英当局禁止在报刊上使用“敌”字，遂改为《“日”报悲鸣录》。

郑森禹在香港期间，还与乔冠华共同主编《世界知识》。后由于他渴望能去部队学习、锻炼，1941年6月组织安排他经由上海去苏北新四军根据地。在他从上海去苏区之前，曾在冯宾符家里“隐居”过一段时期。尔后，由当时地下党领导人沙文汉安排，他在一对假扮夫妻的交通员的向导下，经历种种风险到达新四军军部报到，被分配在宣传部工作。其间，他经常得到新四军领导人陈毅、刘少奇、赖传珠、曾山等同志的亲切关心。据郑森禹的夫人田惠贞介绍，由于郑森禹患严重的溃疡病，后来不得不遵从组织安排离开苏区返回上海，做起了地下工作。

冯宾符：经受日本宪兵队严刑拷打

最忆储能冯仲足，
照人肝胆明如月。
插刀两腋为同俦，
烈火酷刑炼铁骨。

这是著名作家楼适夷写的诗《忆仲足》。“仲足”就是冯宾符。它反映了楼适夷被当时在储能中学任教的冯宾符营救后的真实心情。

1945年1月的一天，一队日本宪兵突然闯进冯宾符家。

早在《世界知识》创办时期，冯宾符就积极参与。在金仲华带领《世界知识》流亡的同时，一部分尚未离开上海的“世知人”，则在胡愈之的领导与组织下，逃到租界。在租界，他们出版了一本名为《集纳》的周刊，同样向读者介绍国际形势。但它很快也被租界当局查禁了。而胡愈之也以这些原《世界知识》的人员为主，组织翻译了斯诺的《西行漫记》、出版了《鲁迅全集》。这些人当中就有冯宾符。

太平洋战争爆发后，日寇占领上海租界，冯宾符仍与留在上海的文化界进步人士许广平、林汉达、赵朴初、雷洁琼等秘密成立“星期二聚餐会”。当时冯宾符在上海储能中学任教，原《世界知识》的发行人王德鹏找到了他。他们在中共地下救亡组织领导下秘密创办了“大用出版社”，用于联络进步作家，当时联系的作家有周建人、楼适夷、胡仲持等。尽管他们是隐秘地活动，但还是被日本宪兵队发现了。日本宪兵几次传讯王德鹏未果，扬言非抓到他不可。1945年初的一天，日本宪兵队突然袭击了大用出版社，其时王正在那里，但侥幸从后门脱逃，连夜乘火车逃回吴县老家。周建人一脚跨进出版社，见状即佯做顾客，得以脱险。另一队宪兵则闯进了冯宾符的家。冯宾符之子、著名国际问题专家冯昭奎讲述，宪兵要冯宾符说出楼适夷在什么地方。他巧妙地让妻子通知楼适夷迅速转移，自己却被逮捕。在狱中他受到严刑拷打和百般恫吓，宪兵甚至威胁要把他推入爬满毒蛇、蝎子的池子里。但是冯宾符始终坚贞不屈。后来经地下组织和周建人的设法营救，方才出狱。

世知人抗战后的轨迹（补记）

胡愈之：抗战胜利后，胡愈之又到了新加坡做统战工作。直到解放战争胜利前夕的1948年，胡愈之和夫人扮作侨商夫妇到达西柏坡，面见了毛泽东，从而改变了他的解放战争的时间表，这一点，已经在《高山景行：胡愈之的1937—1949》中写到，在此不作赘述。

新中国建立前夕，他出任新中国第一任国家出版总署署长。在胡愈之的筹办下，1949年9月，第一次全国新华书店出版工作会议在北京举行。毛泽东在胡愈之和陆定一的陪同下，接见了参加会议的全体代表和工作人员，并为会议作了“认真作好出版工作”的题字。建国后的第二个月，即1949年11月15日，他创办了《新华月报》。这是毛主席题字、迄今仍在出版的我国惟一一份大型政治文献性、综合性月刊。胡愈之在创刊号上撰写《人民新历史的开端》的发刊词，强调了《新华月报》的任务是“记录新中国人民的历史”。后来，胡愈之做了文化部副部长、民盟中央副主席、全国人大常委会副委员长等职，成为新中国出版事业的开创者和奠基人。1986年1月16日病逝，享年91岁。

金仲华：金仲华抗战后回到上海，并同冯宾符、王德鹏一起将《世界知识》复刊，并参加创办《联合日报》、《联合晚报》。1948年7月，因环境险恶，金仲华离开上海到达香港，主编新华社香港分社的《远东通讯》（英文版），年底担任在香港复刊的《文汇报》总主笔。解放后，《世界知识》迁到北京，而金仲华则留在上海，并从1952年起长期担任上海市副市长、市政协副主席，1960年起兼任上海国际问题研究所所长。"文革"期间遭受迫害，1968年4月含恨自杀，终年61岁。

冯宾符：冯宾符是《世界知识》抗战后复刊的第一任主编。他的儿子、著名日本问题专家冯昭奎在《冯宾符国际问题文选》的"跋"中写道：

> 在上海弄堂里的一间狭小的"亭子间"里，继胡愈之、金仲华、乔冠华等人之后担任《世界知识》主编的父亲与王德鹏、毛之芬等把约稿、编稿、排版、发行等工作全包了下来，几个人在一间陋室里就办出了一家有影响的杂志。

1949年3月，败局已定的蒋家王朝勒令《世界知识》"永久停刊"，但两个月后，上海解放，杂志再次复刊。新中国成立后，冯宾符负责将世界知识出版社迁到北京，并历任世界知识出版社副社长、社长兼总编辑和人民出版社的副总编辑。1966年11月，身患重病的冯宾符倒在《世界知识》的岗位上，英年早逝，年仅52岁。2002年，《冯宾符国际问题文选》由世界知识出版社出版。世界知识出版社前副总编辑姚东桥说："冯宾符是我国国际问题研究领域的拓荒者，也是（国际问题评论的）勤恳耕耘者。……也是我国现代杂志编辑的先驱。他在编辑方面也留下了许多至理名言，都是他对办杂志的经验总结和提炼。"

张仲实：解放战争时期，张仲实在延安任中直机关副团长，在山西省文水县慰问部队时，听到刘胡兰烈士的感人事迹，他立即找到任弼时司令员，请毛主席写了"生的伟大，死的光荣"八个大字。解放后，张仲实先后任中宣部党内教育科科长、国际宣传处处长、西北局宣传部副部长、中共中央马恩列斯著作编译局副局长、编译局领导小组组长。任职期间，有系统有计划地翻译出版了《马克思恩格斯全集》、《列宁全集》、《斯大林全集》。1987年2月在北京逝世，享年84岁。

张明养：上海解放后，张明养被任命为复旦大学校务委员会委员，政治学系主任。建国后，历任华东军政委员会文教委员会委员，世界知识出版社副社长兼总编辑，人民出版社副总编辑，外交部国际关系研究所（现为中国国际问题研究所）党组成员，并当选全国政协常委、民进中央参议委员会副主席。1991年7月在北京逝世，享年85岁。

郑森禹：解放后，郑森禹任上海新闻处处长，同济大学教授，中国人民保卫世界和平委员会副主席，世界和平理事会常委、书记处书记，第三至第六届全国政协委员。1979年后曾任世界知识出版社党组书记、社长兼总编辑。1997年5月在北京逝世，享年88岁。

参考资料：

1. 世界知识出版社70周年纪念册。

2. 世界知识创刊五十年纪念集。

3.《世界知识》2002年第12、14期。

4. 于友:《胡愈之》，人民日报出版社，2005年5月。

5. 胡愈之、沈兹九:《流亡在赤道线上》，三联书店，1985年12月。

6. 陈荣力:《大道之行：胡愈之传》，浙江人民出版社，2005年10月。

7. 白槐:《金仲华传》，文汇出版社，2013年3月。

8. 杨学纯:《中外名记者·金仲华》，人民日报出版社，1996年7月。

9. 华平、黄亚平、金以�等:《铁笔丹心：金仲华画传》，东方出版中心，2010年12月。

10. 桐乡市金仲华纪念馆建馆十周年征文集:《走近金仲华》，2009年11月。

11. 金立勤:《金仲华：抗战中创造〈世界知识〉的奇迹》，引自《走近金仲华》，桐乡市金仲华纪念馆建馆十周年征文集。

12. 上虞市政协文史资料委员会，上虞市文化艺术界联合会:《胡愈之文化思想研讨会论文集——纪念胡愈之诞辰110周年》，2007年1月。

13. 蔡锦松:《盛世才外传》，中共党史出版社，2005年1月。

14.《冯宾符国际问题文选》世界知识出版社，2002年6月。

六、难忘的“世知”情缘

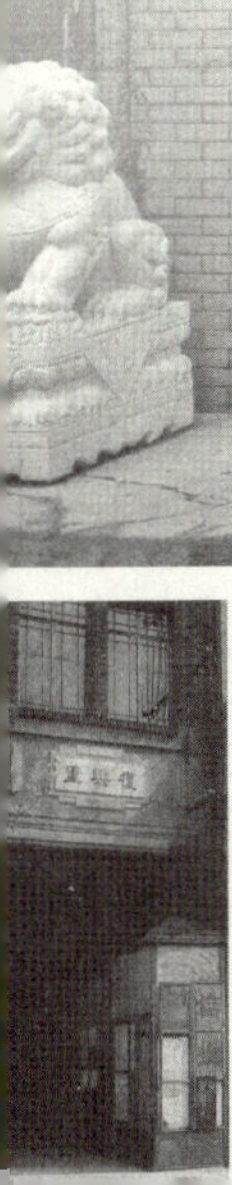

感谢《世界知识》对我的帮助

何　方

今年是《世界知识》杂志创刊80周年。回想起来，我同《世界知识》还有着较深的渊源。先是，在我的成长过程中，特别是走向革命的征途中，它曾起过一定的引导和推动作用。后来在工作中，我又同它有较长时间的业务联系，有几次还曾和我的工作安排有关，影响过我后来的命运。我不仅是它的一个忠实读者，而且还与它有过长久的工作联系，甚至一度要被调去那里工作。正因为如此，我对《世界知识》有着深厚的感情。

结缘世界知识社

我同《世界知识》发生直接关系，可以追溯到1950年组成的中国驻联合国代表团。当时中华人民共和国才成立，根据斯大林要我国准备立即进入联合国的意见，毛泽东一声令下，迅速组成了一个可能在中国外交史上属于空前绝后的高级代表团，以时任政治局委员的张闻天为团长，著名的老共产党人李一氓为副团长，加上代表、理事、秘书及其他工作人员近三十人。跟张闻天一起调来的我也充竽其中，当了个代表团的资料组长。但是由于美国阻挠，中国的席位长期不能恢复，紧急组成的代表团只得驻北京待命。根据张闻天的指示，待命期间着重抓“练兵”，其中一项是著书写文章，而所写文章又多在《世界知识》上发表。因此，代表团很快就和《世界知识》建立起了密切的关系。李一氓还“敲诈”时任世界知识社副社长兼秘书长的冯宾符为代表团的一批撰稿人开过一次较为丰盛的饭局，我也有机会参与其中，并和冯宾符、郑森禹等交上了朋友，还用笔名开始为《世界知识》写稿子。

1955年初，张闻天从驻苏联大使的任上被调回国，出任外交部常务副部长。作为他动嘴、我跑腿，他出题、我作文的一个小助手，我也从使馆研究室主任的位子上被召回。张闻天上任后，除紧抓外交业务和整顿内部外，还决定为开展中国的外交工作和国际关系研究做几项基础建设性的事情，这就是：创办一所培养外交干部和国际关系研究人才的学校，一个国际问题研究所，一个全国性的外交和国际问题专业图书馆，一个主要出外交与国际问题书刊的专业出版社。由于他抓得紧，又实事求是地尽量利用现有条件，所以这几项任务除图书馆外都在两三年内就完成了。这里只谈出版社的筹建。

成为外交部主管的出版外交和国际问题书刊的专业出版社

应该承认，办一个专业出版社并不容易，主要不在于物资和设备，关键是一整套业务人员。但张闻天善于利用现成条件，如同拉出人民大学的外交系建成外交学院一样，他又从人民出版社拉出《世界知识》编辑室和第四编辑室即国际问题图书编辑室，并以这两个编辑室为基础建成世界知识出版社。人民出版社归中宣部领导，正巧时任部长陆定一也有意向把涉及外交和国际问题的这两个编辑室分出去。当时中宣部的国际宣传处长姚溱，因业务来往和我混得很熟，就向我打探能否将《世界知识》交外交部领导。我一听，这正中张闻天的下怀，回来立即报告他，并商议接收过来如何管理。于是，姚溱代表中宣部和陆定一，我则受张闻天委托，经过了解和协商，认为可以把人民出版社的《世界知识》编辑室和第四编辑室分出来，单独成立一个只出版国际问题书刊的专业出版社，并按张闻天意见，直接由外交部领导和管理。经过几个月的努力，世界知识出版社就成了外交部直接领导和管理下的一个部属单位。

张闻天对出版社不止实行大政方针的领导，对具体业务也管得很细、抓得很紧，经常过问刊物的内容和出版社的出书情况。例如，他建议《世界知识》杂志开辟一个“外论介绍”栏目，曾为此亲自给邓小平总书记写报告（毛泽东批准了这个报告）。张闻天对《世界知识》的领导管理工作，多是派我去传达和落实的。所以在一个时期，我就成了外交部和《世界知识》的联络员。

因《世界知识》而躲过一劫

1959年，在庐山会议上毛泽东制造了一个“彭黄张周反党集团”，随之我也被外交部党委定为“张闻天反党宗派主要成员”揪出来进行批斗，并给予撤职、降级和留党察看的处分，然后下放劳改，并同意我改行留河北省做地方工作。我正在河北省昌黎县搞“四清”时，没想到外交部又把我从河北省委要了回来，以代替已患重病的副总编辑吴景崧主持世界知识出版社的工作。于是我离开昌黎，到外交部干部司报到。可是符浩司长却说，不必去世界知识出版社上班了，先回原单位办公厅参加文化大革命吧。这就使我和世界知识出版社失之交臂。但却可以说，我是搭了世界知识出版社的航船才回到北京的。更幸运的是，根据事后了解，在农村的一些地方，“文革”搞得很野蛮，打死人和致人伤残是常有的事。如果我继续留在搞“四清”的那里，经过内查外调，得知我原来是“张闻天在外交部反党的主要助手”，很可能引起众怒，即使不被打死，也难免受伤致残。从这个意义上讲，世界知识出版社还可以说是救了我一条命，起码避免了伤残。现在我能活到九十多岁，还算耳聪目明，可以继续写书作文，不能不说是受惠于世界知识出版社。

两个观点的出台

1978年，我从外交部江西五七干校回北京等待复查时，曾被临时分配到刚刚复刊的《世界知识》杂志。社领导交给我的任务是每期给杂志写一篇文章（头两期为试刊）。过了大概半年，由于邓小平决定撰写一部《苏联是怎样变修的》书，宦乡把我借调到新成立的中央写作小组，我才离开了出版社。但是，我和《世界知识》的联系仍然比较密切，还偶尔为它写点稿子。

这里特别值得一提的是，《世界知识》有几次发表了我反驳和批评主流舆论的文章，使我的不同意见得以表而出之，甚至可以说在某种意义上对主流舆论的发展趋势产生过一定影响。一个例子是改变关于“南北差距不断拉大”的评估，一个例子是提出“和平与发展时代”早已取代了“战争与革命时代”的论断。

说“南北差距不断拉大”，是指“二战”结束后发达国家（因为它们多地处北半球，所以简称北）的经济增长快于南方的非洲、拉美、还包括大部分亚洲地区。这也确实符合战后头三四十年的实际情况。但是从20世纪80年代中期起，形势已发生转折性变化，再继续这样说就不合适了。出现“全球化”这个词汇的1985年，可以看做是一个分水岭，从此产生了世界发展的两大趋势，一个是经济市场化，一个是政治民主化。而这两大趋势又特别明显地体现在发展中国家中。以经济市场化而论，1985年后不到10年，被市场化卷入的人数就从6亿左右猛增到60亿，全世界完全市场化了。这新增加的部分主要是发展中国家。社会主义的苏联也被列入属于新兴力量的发展中国家。

形势虽然已经发生这样大的变化，可是我们国家还习惯性地说“南北差距不断扩大”这句话，当然其中也有团结发展中国家、警惕西方帝国主义侵略和掠夺的用意。不过无论如何，这种提法已经变得过时和陈旧了。我提出这个问题后，在国际问题研究界一时引起了争议。就在这个时候，《世界知识》前来约稿，我就借机把问题展开来写了一长篇。《世界知识》在1994年第8期和第9期分两次刊登，只是把我原来的标题《不能说南北差距还在不断扩大》改成《南北差距的新变化》。

有关时代问题的争议，我的意见同样在《世界知识》上得到了及时反映。

1986年年底，我在一次学术讨论会上提出，“二战”后不久，我们所处的时代就已从“战争与革命时代”转变为“和平与发展时代”。此论一出，一时在比较广泛的范围里引起了较大的争议。而仅仅在一年之后的1987年年底，那时尘埃远未落定，《世界知识》为纪念杂志发刊1000期举行题为“我们所处的时代”座谈会，我应邀出席并发了言。这次座谈会和在1988年第3期杂志上发表的与会者发言，影响很大。应该说，这次讨论会是开了风气之先，是关于时代问题讨论的一次公开“亮相”。参加这次座谈会并发言的有宦乡、陈忠经、童大林、姜长斌、李慎之、浦山等多位老熟人。他们中许多人已先后故去。此刻写文，再次引起我对他们的深深怀念。

继1989年政治风波、1999年3月中国驻南斯拉夫使馆遭到美国飞机轰炸，时代已经转为和平与发展的看法第二次遭到比较集中的质疑。就在较多的非议声中，《世界知识》又在2000年7月1日和2日，在怀柔举办题为“反思：一年来的‘和平与发展’大辩论——纪念《世界知识》1300期主题研讨会”。我再次应邀参加并发言。我和大家的发言发表在杂志2000年第15期上。这一期的“编辑手记”宣布:《世界知识》将继续关注并参与时代问题的讨论，还说不久将开设一个专栏——《时代论坛》。

除了参加这两次讨论会并在会上发言之外，世界知识出版社还在2000年5月出版了我的《论和平与发展时代》一书，并在杂志2000年第13期上发表了我的有关文章。

从党的十三大起，中央一直坚持和平与发展是世界主题和时代特征。鉴于时代问题的重要性，《世界知识》积极推动和进行时代问题的讨论，对于这一问题的推动起到了重要作用。在这一过程中，我本人关于和平与发展时代问题的研究成果，得到了《世界知识》的积极推介。有人认为，我研究国际问题50年，在这个领域做出的比较重要的贡献就是时代问题的研究。这当然是过誉的话。但无论如何，《世界知识》对我研究时代问题的支持，我是永远铭刻在心的。

《世界知识》的存在横跨两个时代，它所肩负的任务和涵盖的内容也为时代所决定。在1950年以前，它报道和研究的内容主要是战争与革命，共和国成立后，主要内容就已经在事实上逐步转为和平与发展了。这个转变，是我体会到了的，甚至是亲临其境的。

2014年十月，我就活了整整92年了。如果从学习阶梯和智力发育来看，我可以说是同《世界知识》一起成长的。我现在还有点模糊印象，《世界知识》创刊后，我就在书店和学校图书馆看到过它，从那时起，也知道了胡愈之等人的名字。这也许可以说明我同《世界知识》关系的悠久。在它80周年的时候，我斗胆自命以它的老朋友身份，祝它茁壮成长，带领读者走在全球化的前列，普及新的世界知识，让大家早日成为世界公民。感谢《世界知识》新老同仁的辛勤工作！祝他们健康愉快，工作顺利！

（作者为中国著名国际问题专家、中共党史研究专家、中国社科院日本研究所前所长、《世界知识》撰稿人）

我与《世界知识》的不解之缘

朱 烈

1979年《世界知识》复刊不久，我便奉调到《世界知识》编辑部工作，一干就是11年，直到1989离休。加上离休后编外交辞典的10年，就是整整20年的时间了。但是我与《世界知识》的不解之缘却可以追溯到七十多年前的一些不平常的经历。

我于1941年春在上海民立中学参加中共上海地下党。那正是日寇疯狂入侵中国的时期，日军的铁蹄从东北，到华北，到北平，再到上海、南京……步步紧逼，中国正面临着亡国之灾。而我当时所在的上海租界，也从所谓的“孤岛”变成了“沦陷区”，面临着日寇和汪伪的恐怖统治。当时上海地下党提出：“隐蔽精干、长期埋伏、积蓄力量、以待时机”的十六字方针，在大中学校中大力开展工作，号召学校中的党员利用图书站、读书会、谈心会等合法形式，广交朋友，宣传全面抗战和反对投降的思想，揭露日本法西斯主义的丑恶面具。我当时负责联系民立中学等几所中学的一些党员和进步同学，力争培养更多的积极分子，发展和扩大党的组织。而推荐、传阅和研究进步书刊就是我们采取的重要方法之一。当时世界知识社出版的期刊，论述日本情况和中日关系的图书，周韬奋的《萍踪忆语》，以及《西行漫记》、《大众哲学》、《钢铁是怎样炼成的》，等等，是我们首选的推荐书刊。平时，我把这些书刊隐藏在自家院子的地窖里，夜间就偷偷取出，传送给其他党员。

有一次，大约是1943年春，我用布口袋装了一包地下党的刊物，其中也包括一些《世界知识》的书刊，送往一个党员家里。途经西摩路口（今陕西南路）时，突然警铃大作。这是日伪当局为追捕中共和抗日分子在上海建立的一套预警系统：即在全市重要干道的电线杆上安装警铃，一旦铃响，下面值岗的“自警团”员就立刻拉起绳索，带着警棍，搜查行人。当时我已无法突围，情急之下，发现不远处有一个树丛茂密的街心花园，便迅速把布袋藏入树丛中，然后空手而归。第二天我再去查看时，竟然发现布袋仍在原处，完好无恙。这样总算躲过了一劫！

经过这次事件，我开始考虑如何使地下刊物的传送更加安全，不久，我通过党组织了解到，上海地下党已在一些报摊的经营者中发展了党员并建立了党支部和分支点。而报摊党支部的负责人就是我在民立中学联系过的党员沈峻坡同志（解放后他曾任华东局书记魏文伯的秘书）。经与沈商定：以后我把要分发的进步书刊直接交到他的报摊上，由他再分送给其他摊点，而各校的党员则凭暗号到报摊上提取，以减少不安全的隐患。

到了1944年中，党组织决定我到时代出版社工作。这是上海地下党利用苏联的关系，以塔斯社名义创办的出版社，先后出版过《时代》杂志、《时代日报》和大量的苏联图书。当时《时代》杂志虽已被迫停刊，但日寇在战场上溃败的局势已十分明显，我在社长姜椿芳和主编陈冰夷的领导下，开始参加《时代》杂志恢复出版的准备工作。1945年8月，抗战胜利后不久，《时代》杂志和《世界知识》杂志相继复刊。由于这两个刊物都受中共上海地下党文委的领导（具体领导人是梅益、姚溱、冯宾符和姜椿芳等），它们又都是以研究国际问题为主，很多作者也是共同的，如：陈翰伯、刘尊祺、戴文葆、陈虞孙、戈宝权、石啸冲、杨重光、满涛等，因此《时代》杂志和《世界知识》杂志的关系相当密切。这一点在我参加时代出版社的选题碰头会后也深有体会。当时时代社一直处于日本和后来的国民党的严密监视之下，内部不得不实行一套严格的保密措施。例如，不在社内发展党员，不在社内召开党的会议等。就连选题碰头会也都以聚餐的名义在地下党开设的梅龙镇餐馆举行，偶尔还通过赵朴初的关系，在上海著名的庙宇静安寺内以吃素斋的名义进行。这些碰头会上经常议论的内容是：如何利用中苏、美苏以及日苏之间的微妙而复杂的矛盾关系，如何根据《时代》杂志、《世界知识》杂志以及《文萃》、《群众》等不同的刊物的特点；如何根据不同时期统治当局的政策变化，来确定编辑方针和选题以及请哪些作者，在哪个刊物上发表文章，以达到分工合作的最佳宣传效果。这些意见的最后落实则主要由姜椿芳同志来负责。因为她交友广泛，与许多刊物的编辑、作者都熟悉。而《世界知识》的主编，如金仲华、张明养、刘思慕、郑森禹等也都是姜椿芳的老友，故与世界知识社的分工配合也是碰头大会上经常谈到的内容。由此可见，《时代》杂志和《世界知识》杂志真可谓是党领导下的一对姐妹刊。

《世界知识》杂志从创刊至今已走过了80个年头。在这段不平凡的岁月里它历经风雨和坎坷，高举着“中国是世界的中国”、“中国要了解世界”的口号，教育了几代人，培养了一大批优秀的新闻编辑工作者，为中国的革命事业和新中国的社会主义建设事业做出了卓越的贡献。几十年来，我有幸与《世界知识》结下了不解之缘。这里所讲述的虽然只是一些小小的插曲，但对我来说，却是终生难以忘怀的！

（作者为世界知识出版社前社长）

《世知》琐事

萧　扬

《世界知识》创刊80周年了，“世知”的广大读者、作者和新老同仁都以它为荣，既为它的悠久历史，也为它至今仍然驰骋在新闻出版疆场的青春活力。80年中，我曾任职30年（在杂志和在出版社），加上离休后编外交辞典的10年，40年正好是80年的一半，算得上老世知人了。我毫不掩饰，我为此无比自豪。

40年中，历史在耄耋老者的记忆中已经模糊。但是有些事情却还清晰，其中有些骄人，光彩夺目，也有些属于遗憾，甚至味带苦涩。

质疑大战危险

1979年第18期杂志（9月16日）发表了我的文章《世界舆论关于第三次世界大战的一些推想》。今天看到这样的标题，可能会感到它耸人听闻。但是它同当时的宣传主流却完全合拍。文章综合西方假想第三次世界大战的著作和小说的观点，介绍作者们对大战起因、进程和结局的不同推想。他们一致认为苏联是战争的发动者，多数人预言大战将在80年代甚至80年代的前五年爆发（笔者的文中对这点倒是认为未免过于绝对或近于卜卦），结论是要对战争有所准备。我并没有读国外作者们的原著，只是在国内已有的多篇介绍的基础上作了综合评述。

我写这篇文章，当然同“战争不可避免”的长期教育有关。就在写此文不久前的1979年7月，还有主要领导人说，战争危机确实日益逼近，还是要立足于早打、大打。我虽未听到正式传达，但是这一精神是感觉到了的。对于战争危机究竟如何，我并未深入研究，只是从平日读报印象中模糊感觉到形势不像就要打仗。不过我有一个牢固的观念：杂志的使命就是宣传中央的对外政策和形势分析，所以就有了此文的选题。是上级交给的任务，还是出于我自己的主动，我已不记得，不过这并不重要。

文章出来以后，没有听到什么特殊的反应。但是有一天时任出版社社长郑森禹告诉我，此文已被香港《大公报》转载，全文6000字竟未删节。郑森禹平日不苟言笑，喜怒少形于色，尤其不当面表扬夸奖。他这样告诉我，我也看出他内心是颇为得意的。

在杂志检查会（那是每期杂志出版后的例会）上，大家对此文也做了些评论，大多都无关紧要，已经没有留下什么印象。会议最后，姚东桥发言。话不多，中心意思是：此文将引导读者认为大战迫在眉睫，形势究竟是否如此？如果不是，岂非误导？姚东桥后来当了杂志主编和出版社副总编辑，但那时刚入社不久，才32岁，在编辑部24人中最年轻，还没有怎么正式参加文稿编辑，主要做些辅助工作。也许正是如此，她就没有什么框框。不过她发言，似乎也有些紧张，至少显得严肃。发言后，大家没有同意她的意见，但是也没有讲出什么不同意的道理，更没有激烈的反驳，就这么含混过去了。

不过这件事却深深地钉在我的记忆里，就像一枚尖钉。第三次世界大战不仅那时没有发生，至今也没有发生，我的文章起了什么作用呢？那篇文章发表若干年后，中央改变了对于世界大战可能性的判断，杂志和我都出自内心地积极拥护和鼓吹。但是那篇文章呢？至少我对自己宣扬的观点并不自信。如果再发生类似情况，我怎么办？还会再写类似文章吗？愈往后，愈会想起这件事。

腰斩连载文章

1983年15期《世界知识》刊出《印度两代风云人物：尼赫鲁与英·甘地》一文。这是杂志新开辟的“名人轶事”专栏的首篇文章。原有的“新闻人物”、“古今人物”专栏的文章注重介绍人物的政治主张、经历、影响等等，显得比较严肃，有时流于死板。此文则多讲性格、作风，引用印度作者和外国政要的观感和评论，穿插众多细节，所以比较耐读。在这种写法的文章中，人物并不总显得是大庭广众中衣冠楚楚的绅士，不总是展现镇静、倔强、能言善辩等光鲜的一面，有时也会看到急躁、傲慢、优柔寡断或刚愎自用，看到作为常人所难免的弱点。但是，人物鲜活起来，形象变得丰满。

那年我正借调在外，偶尔回社，听说这篇文章出事了。某个外国使馆向外交部交涉，认为文章涉及尼赫鲁的私生活（那是从尼赫鲁的秘书马太的回忆录中搬来的小故事，马太回忆录则是新近公开出了书的），是对尼赫鲁的不敬。所以，这篇连载文章虽然只登了第一部分，声明“待续”，也就不能不被腰斩了，也不做任何交代。社长兼总编辑李连庆亲自组织来的、出自我国驻印大使夫人这样难得的作者之手的得意佳作，也只能黯然中途退场了。

外国驻华使馆对我们杂志的文章提出交涉，并不只有这一次。民主德国使馆就曾找上门来，对杂志称他们为“东德”表示不满，说完全可以用同样简约的“民德”简称。还有一次，说我们讲两个德国在“接近”，美苏都不愿两个德国发展关系，是照搬西方观点。两德不会接近，而是政治矛盾日益尖锐。像这类交涉，我们一般解释一下，也就过去了，有些无关大局的事，如不用“东德”用“民德”，我们也妥协，就按他们的意见办。找到外交部头上的事，记得似乎也有过，好像部里推说这是杂志的事，没有搭理。像腰斩这样的处理办法，只出现过这一次。

有意思的是，西方国家的使馆从来没有来找过，虽然杂志对西方国家的批评、揭露以至语带不敬的冷嘲热讽要多得多。这大概同他们的价值观有关，他们大概觉得报刊评论当政者是常态，是理所当然，他们自己国内就是如此，不值得大惊小怪。尼赫鲁父女这次事件，奉行的就是另一种逻辑了。在他们国家，实行言论自由，所以马太回忆录公开出版不受追究。在中国，则要求对《世界知识》实行控制。

至于有关国家因为不满我们政治层面的分析报道而提出交涉的事还没有发生过。这是因为我们已经特别谨慎，根本不会出现类似的文章。但是，像这样也就产生了报道不全面、不能满足读者需要的问题。这是另一常见的纠结。

早在1959年，张闻天就曾试图解决这一问题。他同意胡乔木的意见，正式向中央建议《世界知识》杂志中增加“外论介绍”一栏，刊登某些重大国际问题正反两方面的文章。例如，既登一些国家的文章，也登他国评论这些国家的文章。他说，在对亚非国家的宣传中长期存在的一个问题是，这些国家可以任意刊登评论我国的文章，理由是它们有“新闻自由”，而我国报刊即使转载其他国家的评判性文章，它们就往往以这是代表我国“官方”意见为借口，说影响了两国关系。

这项建议的用意是，让《世界知识》打造一个对外不代表官方的品牌，专门刊登正反两面文章。毛泽东批准了这一建议。但是不久后喊出打倒各国反动派的口号，宣传上的问题就不是顾虑损坏关系不敢实事求是地报道和批评、而是唯恐打倒调门不高了。后来同一系列国家恢复正常关系以后，又出现了同一性质的问题。

但是，腰斩毕竟只是极端的例子，不仅是空前的，恐怕也是绝后的。随着我国报刊面貌的逐渐变化，外国使馆大概也会逐步懂得，《世界知识》并非外交部发言人第二。

（作者为世界知识出版社前总编辑）

回忆在《世界知识》杂志工作的日子

宋明江

2014年是《世界知识》杂志创刊八十周年。在八十年的漫长岁月中，在不同的历史时期，她历经磨难和考验，虽曾几度被迫停刊，但是始终坚持作为国际时政权威刊物的办刊宗旨，赢得了几代读者的赞誉。这是因为她拥有中国共产党领导下的一大批专家学者，一代接一代地披荆斩棘，为之奋斗，为之献身，为之牺牲。胡愈之、金仲华、冯宾符……这些名字永远让我们敬仰。文化大革命十年浩劫后，《世界知识》复刊，世界知识出版社也恢复了业务。郑森禹、张映吾、朱烈、萧扬、李连庆这些前辈主持工作，不但使《世界知识》杂志继承了传统，恢复了青春，办得有声有色，而且创建了《世界博览》、《世界知识画报》等新的刊物，并出版了大量的国际问题图书，使整个出版社出现了前所未有的繁荣景象。我就是在这期间有幸于1978年9月来到《世界知识》杂志工作的。

忆及当年到《世界知识》编辑部报到后开始工作的情景，一幕幕往事如在目前。报到后我接的第一个任务是修改一篇介绍拉美某国（我已忘记哪一国）的文章。当时编辑部的两位领导许鲁野和朱烈同志令我先写一份修改提纲，经他们审批后再动笔修改。我交上去了一页纸的提纲，主要是建议调整文章结构，适当增加一点内容。提纲顺利通过，他们说就按这个提纲修改。我心想这可能是考我，我认真完成了任务。出乎意料的是稿子交上去竟得到了出版社社长郑森禹颇为正面的批语。这让我很高兴，于是我又接连写了三篇文章。这几篇文章都得到了萧扬同志耐心而具体的指导。后来我每年都要写几篇时评文章，例如介绍美国卡特政府派特种部队去伊朗解救人质的行动失败的整个过程、波兰团结工会罢工事件的发生发展过程及其影响，以及在纵横谈栏目中评介美国的政治经济，等等。有时也会写些豆腐块儿的短文以填充版面。后来领导又安排王泰平同志和我在杨学纯和王克勤两位老编辑的带领下学习如何做发稿编辑。他们二位非常耐心细致地手把手教我们怎样出选题、设计栏目、编排文章、画板式、选图片，等等，每半个月我们老少一起开一次夜车。我们基本熟悉了这些业务之后就开始独立工作了。现在回想起来，当时整个出版社和编辑部真是朝气蓬勃，大家团结奋进，都有一种使命感。许多资深编辑都曾经在历次政治运动中受过这样或那样的迫害，当时“四人帮”已经倒台，改革开放的时代已经到来，他们的聪明才智又有了施展和发挥的广阔天地。前辈们人人勤勤恳恳、兢兢业业，对我们这些后辈更是诚心诚意地进行培养，令人敬佩，我从中受益良多。

我还记得那时社领导经常召开选题会，选题会常常也就是形势研讨会和期刊改进的研讨会，会前要做好准备。在这样的会上，通过交流讨论，会加深对某些问题的看法，对提高业务素质很有帮助。选题定下后大家就分头约稿。我经常联系的有中国国际问题研究所的庄去病、黄素庵，外交部的梅兆荣，还有别的部委的一些专家。有一段时期专门讨论《世界知识》杂志的办刊宗旨和方向。是坚持传统，把《世界知识》办成雅俗共赏的政治、经济、文化的时政刊物，还是办成娱乐消闲性的刊物，争论很大。大家在会上各抒己见，讨论非常热烈，那种认真执著的精神至今还深深留在我的记忆中。复刊初期，我们几个较年轻的编辑人员还经常随老编辑一起去工厂校对，不但初步学习了校对知识，还看到了印刷工人是如何工作的，一本杂志是怎样印出来的。

还有一件值得追忆的事情是《世界知识》在1981年把当时刚刚流行于西方的“魔方”这个智力玩具引进到中国，在杂志上连载魔方解法，引起读者的热烈反响。这反映了《世界知识》对新鲜事物的敏感。这是时任社长朱烈同志和总编辑萧扬同志首倡并亲自操办的，他们亲自翻译资料在《世界知识》上连载，后来还正式出了书。我记得“魔方”一词就是他们两位研究而确定的中文名称，这一名称如今已是家喻户晓。有意思的是，魔方解法连载以后，收到不少读者来信要求购买魔方，他们以为我们生产魔方，甚至还有工厂来人要求与我们合作生产魔方。

还有值得一提的是在李连庆同志主持工作期间创办了两本新

刊《世界知识画报》和《世界博览》。这两份杂志办得很成功，图文并茂，很受读者欢迎，订户踊跃。这说明，这两份杂志适应了社会的需求，也反映了编辑们所付出的艰辛努力获得了回报。更重要的是这种成功的推动力——勇于开拓和创新的精神——成为世界知识出版社和《世界知识》杂志的灵魂。我认为这也是为什么后来又有几种杂志诞生以及《世界知识》杂志的面貌不断更新的原因。如今的《世界知识》杂志无论是内容的深刻性、时效性还是文字的生动性、活泼性，无论是编排的技巧还是装潢印刷的漂亮大方，无论是篇幅的容量还是图片的选用，都远远超过了我主持工作的时候，对此我既惭愧又欣慰。在这里，借《世界知识》诞生八十周年的机会，我衷心祝愿世界知识出版社和《世界知识》杂志与时俱进，越办越好。

（作者为《世界知识》前主编）

《世界知识》与我的缘分

冯昭奎

1949年，我9岁。在春天姗姗来迟的季节里，父亲总是不着家，而母亲每当傍晚就站在二楼窗前，静静地眺望着晦暗的天空，这时从浦东方面依稀传来阵阵枪炮声。“妈妈，你在看什么？”听到我的问话，母亲侧过身来欣喜地说：“你听，那枪炮声越来越近了！”5月27日，上海解放了。父亲兴奋地回到家，全家一下子变得十分阳光，父亲也更加忙碌了。

后来我才知道，抗战胜利后父亲参与了重建因战争而停刊四年的世界知识社，在上海地下党文委沙文汉、艾寒松、姚溱等同志的领导下，父亲与金仲华、王德鹏、毛志芬以及临时来“世知社”隐蔽的乔石等人在一间简陋的办公室里，进行了约稿、编稿、校对、发行以及书籍编辑出版等一般出版社的全套工作，由于陈翰伯、马叙伦、廖胡今、姜椿芳、宦乡、刘思慕、张香山、艾寒松、刘尊棋、郑森禹、陈原、李纯青、陈虞孙、吴景崧、胡绳、戈宝权、董秋斯、柳无垢、陶大镛、梁纯夫等一大批国际问题专家为世界知识社提供文稿、书稿和译稿，使世界知识社的杂志和图书出得有声有色，产生了很大社会影响。可是，随着国民党政府对进步文化事业的迫害越来越疯狂，世界知识社于1949年3月23日接到国民党政府社会局的公文，称该杂志内容反动，有碍社会治安，勒令“停刊”。为了躲避国民党政府对进步文化人士的迫害，1947年就已经加入中共的父亲经常不回家，与金仲华等人到毛志芬的亲戚、建筑家毛梓尧的宅子隐身而居，商讨工作。

1949年6月《世界知识》杂志在上海复刊，1950年5月世界知识社奉命迁京，我们全家也一同由上海搬到北京。记得当时我曾去“世知社”所在的那个一进门就可看到周恩来总理书写的“世界知识”四个隽秀大字的四合院玩，父亲的同事们也常到我家来，因此，我和哥哥与当时在“世知社”工作的很多叔叔、阿姨、兄长们很熟，我至今还记着他们的名字。

1950年秋天，父亲拿回一块毛主席亲自题写的“人民出版社”社名的铅字样块，我觉得挺好玩的，就用这块铅字印我的“书”。少年时代的我，特别崇敬为了中国人民解放事业英勇奋斗的先烈和活下来的先辈，瞎编了十几本“小说”，还自己画了封面，在封面下方就印了“人民出版社”的字样。一次“世知社”的几位叔叔、阿姨、兄长来我家做客，顺便“参观”了我的“出版社”，大家笑着说，“你的‘人民出版社’比国家的‘人民出版社’成立得还早哪”。

1957年我中学毕业，想报考文科，这显然与父亲的影响有密切关系。但父亲却说，现在国家最需要的是科技人才，你应该学理工科。于是，我报考了清华大学电子学系。虽然我进了理工科大学，但依然是《世界知识》的热心读者。1958年我因为在天津实习期间与工人师傅一起挖海河，得了严重的风湿性关节炎，被送进医院治疗，又据医生建议回家休养。在我养病期间，父亲将书房里他睡的床让给我睡，随着病情好转，我开始独自在父亲书房里“遨游”，发现父亲的书桌上总是堆满了各种文件，其中每天都要放在案头的是新华社的《参考资料》，有上午版和下午版，有一阵好像还有中午版，两三种版本的厚度都不逊于杂志。但每当父亲见到我翻看参考资料时，就不让我看，说：“专心学你的理工科罢，国际上的事儿一天一变，风云莫测，不像牛顿定律，能管几百年。”

然而，趁父亲不在的时候，我有了更大的发现，那是书桌后面的几个大书柜，其中，“世知社”受权出版的“内部图书”占了相当大的空间。当时，“世知社”除出版《世界知识》杂志外，还出版有关国际问题的图书，而出版供党政高级干部阅读的“内部图书”更是一项重要任务。翻开“内部图书”的封面，首页大都醒目地印着有关读者范围的规定，比如“本书供部级以上干部阅读”，或“供局级以上干部阅读”，等等。我有时忍不住“偷偷”地读这些书，不经意间享受了“局级以上”乃至“部级以上”干部的待遇。现在回想起来不禁有点诚惶诚恐。

父亲工作非常勤奋，他又要编杂志，又要写文章，又要参加社会活动，可以说忙得不亦乐乎；“工作着是美丽的”，他忙碌着，快乐着，正如陈原叔叔所说，他“不知疲倦地工作，写，写，写。……世事纷繁使他不得不花许多精力去应酬，他在深夜里仍然写，写，写”。我记得，父亲那时很健壮，据妈妈说，他往往写到深夜两三点、三四点。

1966年“文革”爆发，那时父亲已经患上癌症。可以说，父亲是在“病痛”和“心痛”叠加的双重痛苦中，于1966年11月离开人世的。这里说的“心痛”就是他最不能容忍有人说《世界知识》是“卖国杂志”。

父亲去世后，《世界知识》与我的缘分并没有结束。1981年我从日本留学回国后，写了不少科普文章和日本见闻，成为《世界知识》的一名读者兼作者。1983年，得知人才可以流动了，我开始萌生“跳槽”的念头，首选就是当时组建不久的国家专利局，心想就把下半生奉献给外文技术资料翻译工作吧。我跑到专利局门口填写了招聘表格，却迟迟未见回音。恰好在那年初夏，我来到花团锦簇的中山公园，参加了《世界知识》编辑部召开的作者座谈会，在会上碰到了一位笑眯眯的老头儿，他自我介绍说是中国社会科学院日本研究所政治研究室主任，名叫何倩，他得知我曾去日本留学，就对我说日本研究所正需要你这样去日本留过学的人，就到日本所来吧，特别是他提到当时日本所所长叫何方，而何方正是我家在无量大人胡同6号居住时的邻居，对我的父亲有过很大帮助。我想，既然我的“人生梦”就是但求一张平静的书桌，能安安静静地翻译和查阅外文资料就行，至于什么理工科和文科“隔行如隔山”的区别，在我脑子里都不重要。于是，我马上给日本所写了信，表示愿意去该所工作。信发出后不到一个礼拜，日本研究所管人事的史华女士回复了一封热情洋溢的信，表示热烈欢迎我去该所工作，并亲自来到原单位办理调职手续。经过大约十来天，所有调职手续均已搞定。而就在我跨进张自忠路3号社科院日本所的大门之际，国家专利局也来了调函，表示“热烈欢迎”，可是为时已晚。这么个纯属偶然的“时差”，决定了我中年以后的人生。

改行搞日本问题研究以后，我又成了《世界知识》的一名热心的、以重视现代科技对国际关系的影响为特色的“国际问题作者”，有人说我改行是“子承父业”，尽管这个改行过程确是若干个“偶然”叠加所致，甚至可说是歪打正着，“瞎猫碰见死耗子”，但却不能不说，在这些偶然性背后，也确存在着一种“必然性”，这就是父亲对我的影响和《世界知识》与我的缘分。

（作者为中国社会科学院日本所前副所长、研究员。作者父亲冯宾符曾任世界知识出版社社长兼总编辑）

《世界知识》八秩大庆的感念

黄书海

环顾中华大地，一本杂志历经80年风雨，至今仍能挺且直，经久不衰者，实非《世界知识》莫属。可喜可贺。

我与《世界知识》的接触，时间并不算短。

我出生第二年，便迎来《世界知识》的诞生。20世纪三四十年代，胡愈之老先生和其他同仁分别于1934年在上海和1945年在新加坡创办了具有深远影响的国际政治经济文化性杂志:《世界知识》和《风下》。

20世纪四五十年代，我在印尼学习、工作期间，开始接触这两份杂志。它们是我真真切切的启蒙老师。通过这两份杂志，许多华侨青年开拓了眼界，认识了世界，也认识了世界中的中国。他们向往延安、向往解放区，向往中国共产党。

当时，我会到当地棉兰进步书店——大地书店购买和阅读《风下》周刊和过了期、甚至过了年的《世界知识》半月刊。《世界知识》封面那繁体方块字和《风下》那两个由胡愈老亲笔书写的刊名，并配以各种时事漫画以及那质地粗糙的纸张，至今仍历历在目。

新中国成立后，我曾在中国驻印尼大使馆和驻美国大使馆工作，《世界知识》是我获取国际知识不可或缺的杂志之一。

这两份杂志都是胡愈老一手创办的，都带有胡愈老的性格和特质。所设栏目有许多相似之处。因而也有人把《风下》称为《世界知识》的海外版。

“二战”结束，国际天空刚露出一线阳光，马上又被满天乌云所遮蔽。美国企图独占日本，拒绝同中英苏共同接管日本；英军鼓动和支持法国和荷兰派兵卷土重来，镇压越南和印尼民族独立运动；美国输送大批武器装备给蒋介石中央军，以镇压中国共产党和它领导的八路军等抗日队伍，粗暴干涉中国内政。

面对这种形势，当地华侨华人，由最初的狂欢、兴奋和充满希望，逐渐陷入沉闷、抑郁甚至绝望。

胡愈老等同志到新加坡后，深切感受到需要尽快开辟新的舆论阵地，拥有一个呐喊的窗口。1945年12月3日，以沙平（胡愈之）为主编的《风下》周刊诞生了。

《风下》从内容到形式都较清新可喜。这主要得力于国内许多著名作家和知名人士的热情支持。如：郭沫若、茅盾、陶行知、黄炎培、沈钧儒、许广平、楼适夷、何其芳、马凡陀等名家。当时在国内蒋政权独裁统治下，《世界知识》被勒令停刊，很难找到发表文章的园地。于是他们把稿子投寄《风下》发表。

“文革”十年浩劫结束，1979年《世界知识》正式复刊。我有幸以读者、作者、编者三重身份进入《世界知识》编辑部。

当时，摆在《世界知识》面前的形势是："百废待兴"。

改革开放为它提供了前所未有的宽松舞台。

长期被压抑的广大读者追求世界知识的强烈诉求和众多国际问题专家学者要求在新的历史条件下重新探索研究国际实践，突破老观点、老框框，提出新观点、新思维的强烈欲望，就像开了闸的春潮喷涌而出。

《世界知识》不失时机地趁势而动，为他们提供了一个施展拳脚的平台。

每年年终的各种专题座谈会，由《世界知识》出面，邀请了当时北京各路国际问题专家学者，解放思想，各抒己见，深入探讨。他们原汁原味的谈话记录，最受广大读者的青睐和欢迎。

座谈会涉猎许多重大国际问题。诸如：时代提法、战争与和平、美苏争霸、三个世界划分、和平共处五项原则，等等。与会者都是有备而来，讨论热烈，言之有物。此外，我们还拨出重要版面，刊登专家学者对国际实践进行深刻有益的理论探索和创新的论文和访谈。

"和平与发展是当今时代主题"这一新提法，首先是由邓小平在1985年一次谈话中提出的。后来，《世界知识》老作者、著名国际问题专家何方于1986年也提出我们所处的时代是"和平与发展"的时代。刚开始，这一提法也曾引起一些争论。后经多次研讨和论证才逐渐形成共识。这些情况在《世界知识》举行的各种专题座谈会上都有所反映。党的十五大汇集大家的智慧，肯定了“和平与发展的时代”这一符合马克思主义的观点。

在纪念《世界知识》八秩大庆时，我们要深深缅怀胡愈老和其他同仁，为创办《世界知识》和《风下》所做出的卓越的历史性贡献；我们还要永远记住这些为《世界知识》复刊和发展，殚精竭虑、做出无私奉献的专家学者。他们是：宦乡、李慎之、浦山、何方、童大林、陈忠经、王殊、宫达非、徐葵、李琮、陈宝森、陈乐民、资中筠、仇立羽、宋以敏、郑森禹、朱烈、萧扬、杨学纯、王克勤、陈赞威、宋明江、袁世垠……人才济济，极一时之盛。

进入21世纪，特别是进入网络时代，《世界知识》面临的激烈竞争和生存压力是前所未有的。

我一直崇尚“青胜于蓝”的信条。

相信《世界知识》年轻的同仁们一定能秉持《世界知识》的优良传统，孜孜汲汲，创新开拓，与时俱进，突破重围，再创《世界知识》下一个八秩的辉煌！

（作者为《世界知识》前主编）

图书在版编目（CIP）数据

从抗战烽火中走来：纪念《世界知识》暨世界知识出版社创立80周年 / 世界知识出版社80周年社庆编委会编. —北京：世界知识出版社，2014.9

ISBN 978-7-5012-4720-2

Ⅰ.①从… Ⅱ.①世… Ⅲ.①出版社—概况—北京市

Ⅳ.①G239. 22

中国版本图书馆CIP数据核字（2014）第192526号

责任编辑	张　萱
责任出版	赵　玥
责任校对	马莉娜

书　　名	从抗战烽火中走来——纪念《世界知识》暨世界知识出版社创立80周年 Cong Kangzhan Fenghuozhong Zoulai — Jinian Shijie Zhishi Ji Shijie Zhishi Chubanshi Chuangli 80 Zhounian
编　　者	世界知识出版社80周年社庆编委会
出版发行	世界知识出版社
地址邮编	北京市东城区干面胡同51号（100010）
网　　址	www.wap1934.com
电　　话	010-65265923（发行）　010-85119023（邮购）
经　　销	新华书店
印　　刷	北京京晟纪元印刷有限公司
开本印张	880×1230毫米　1/16　12印张
字　　数	126千字
版次印次	2014年9月第一版　2014年9月第一次印刷
标准书号	ISBN 978-7-5012-4720-2
定　　价	36.00元

ENGLISH
英语
多功能词典
2014版职称英语考试词典

哈萨克斯坦人
看中国

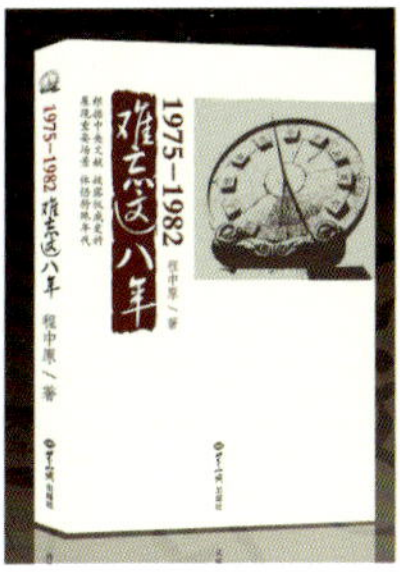
1975—1982
难忘八年

拓荒与呐喊
一个大学校长的教改历程

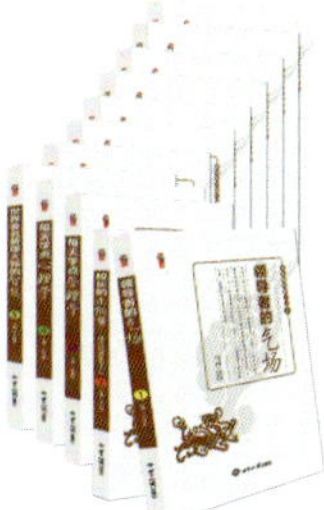

外交学院
2012 年科学周论文集

中国的和平发展
与对外关系

国际能源关系
纵横谈
GUOJI NENGYUAN GUANXI
ZONGHENGTAN

CONTENDING THEORIES OF INTERNATIONAL RELATIONS
A Comprehensive Survey
争论中的国际关系理论
第五版

探索新型
中非卫生合作

陈毅与张茜

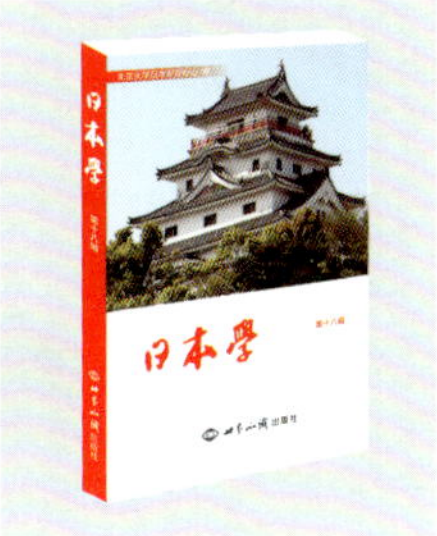
日本学

亚太与东亚区域经济
一体化形势与建议

世界大国(地区)
文化外交
英国卷
United Kingdom

《纽约时报》
反伊战运动
报道框架研究

简明国际知识
辞典

中华人民共和国条约集
第五十七集
2010

三次战争的
空中力量

国际问题
纵论文集
2013/2014

美台矛盾研究
（1949—2008）

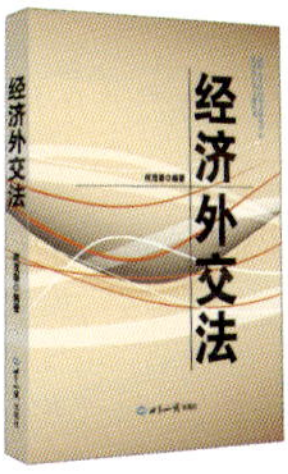
经济外交法

国际公共产品合作与外交谈判
利益、制度和进程

非盟与东盟
人权规范的
比较研究

新开局
复杂系统思维与
中国外交战略规划

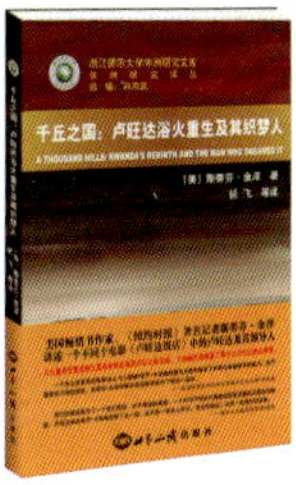
千丘之国：卢旺达浴火重生及其织梦人

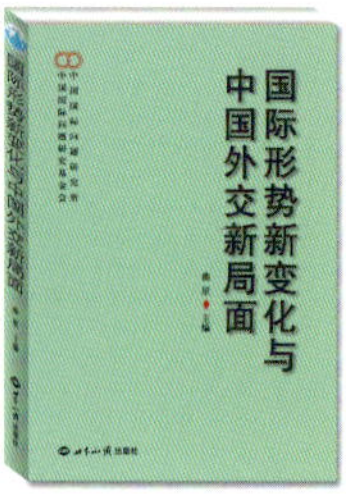
国际形势新变化与中国外交新局面

蒙古与美国关系研究

中国驻中东大使话中东
沙特

中国驻中东大使话中东
伊拉克

中国驻中东大使话中东
叙利亚

韩叙传

汉魂和魂
中日文化比较

曾正清文集
美国与中国

庆祝《上海合作组织成员国长期睦邻友好合作条约》签署五周年国际学术研讨会论文集

诺贝尔全传

2014:
国际军备控制与裁军
CACDA

百姓谁不爱好官
焦裕禄画传

何方谈史忆人

中国崛起与全球治理

丝路新篇
——中阿合作论坛十周年论文集

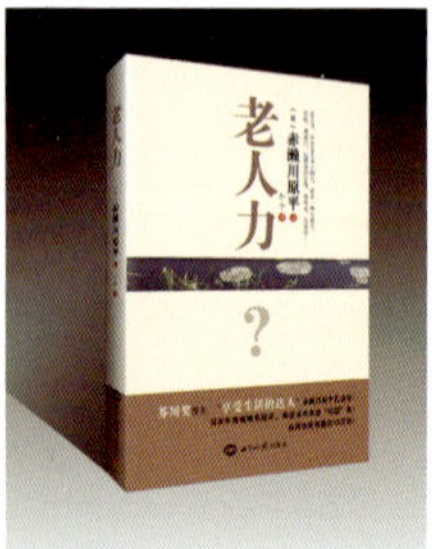
老人力

南書房

美不美国
Memories of My US Trip

到香港读大学
香港八大院校介绍

我与查韦斯

穿越风雨的中法关系
1949—1950

世界大国(地区)文化外交
拉丁美洲国家卷
Latin America

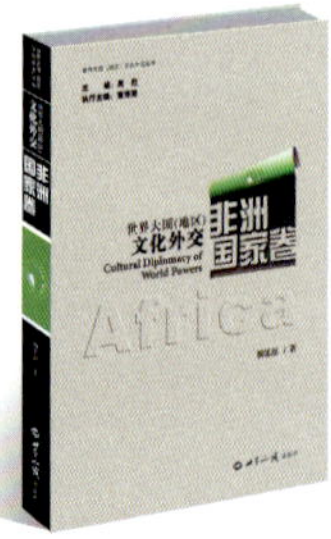
世界大国(地区)文化外交
非洲国家卷
Africa

东亚区域合作中的民间外交
CIVIL DIPLOMACY IN EAST ASIAN REGIONAL COOPERATION

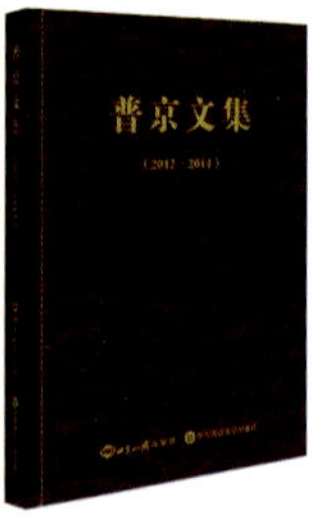
普京文集